英語脳の鍛え方

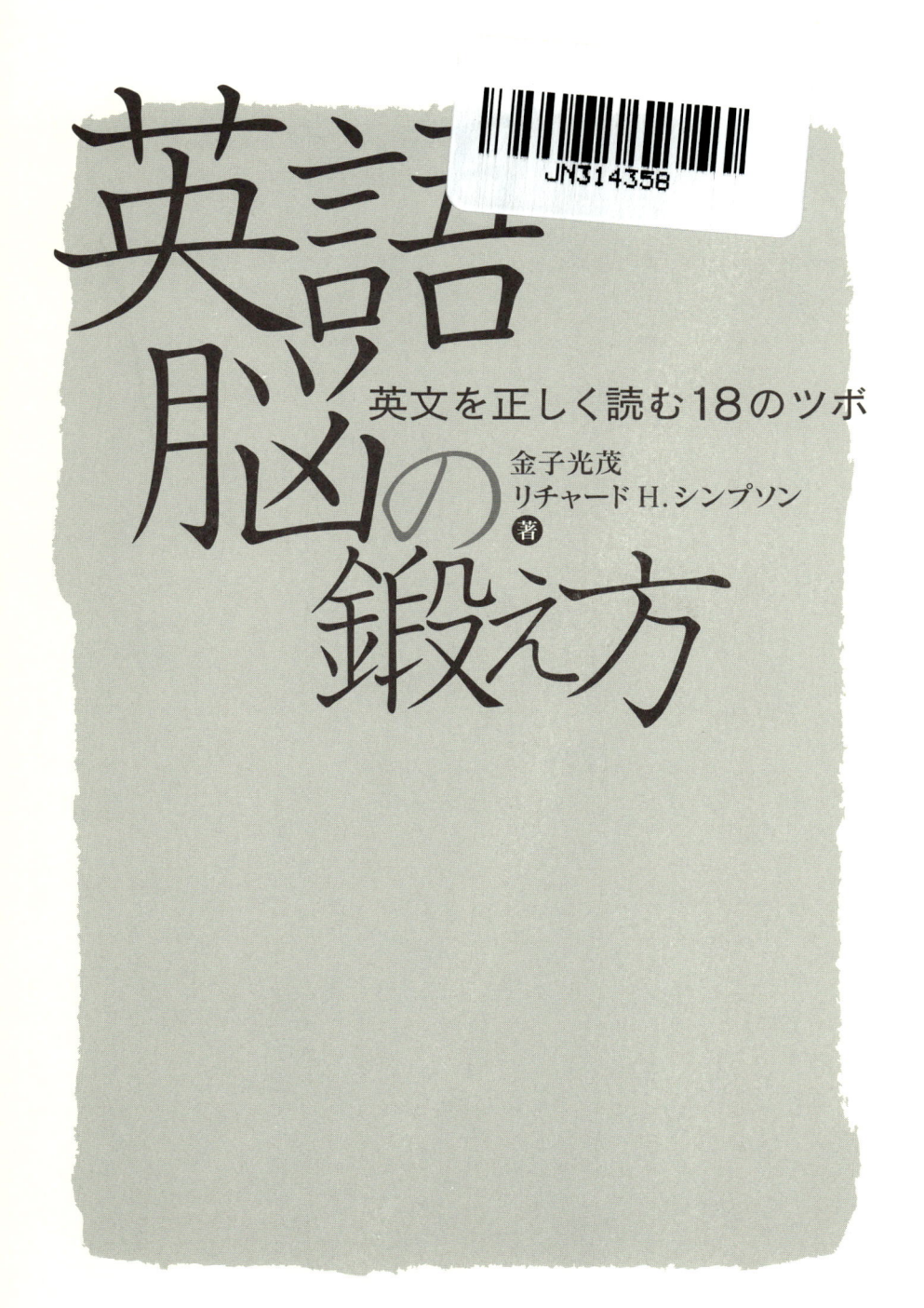

英文を正しく読む18のツボ

金子光茂
リチャード H. シンプソン
著

南雲堂

はしがき

　翻訳は容易な仕事ではありません。想像もつかないむずかしさがあります。苦心の末の翻訳であっても、誤訳のない翻訳などない、と言っても過言ではありません。

　そういう誤訳を本書では引き合いに出しています。誤訳をあげつらうためではなく、同じ過ちを犯さないよう勉強させてもらう目的で紹介しています。誤訳回避の手引きだとお心得お願いたいと存じます。

　筆者は、『ハックルベリー・フィンの冒険』や『日はまた昇る』のほかに幾つかの長篇や短篇小説をあれこれ私的に翻訳してきました。そこで気づいたことは、翻訳数が増えれば増えるほど、それだけ誤訳が段々と少なくなっているということです。『日はまた昇る』の最新訳は、数カ所を除いて、誤訳は見当たらないまでになっています。

　となると、新たな翻訳の出る幕はないかというと、そうではない。シェイクスピアの作品を考えてみましょう。関が原の戦いのころ活躍したこの大作家の作品は、明治時代から今日まで、色々な翻訳がなされています。なぜでしょうか。

　翻訳は、誤訳のない翻訳が完成したらそこで終わりではないからです。一つの翻訳が完成しても、時代が移れば、翻訳の賞味期限が切れると考えていいでしょう。勢い、その時代にうってつけのことばによる翻訳が望まれるわけです。

　こうして、時代がすすむにつれて、新訳が必要になります。シェイクスピアの作品のような古い時代に書かれたものであれ、新しい時代のことばに置き換えられた翻訳が次々に必要になる。時代が移れば、またそこにふさわしい翻訳があってこそ、作品は世に受けいれられ続けるのです。

　本書では、翻訳をする上で避けられない誤訳をどうしたら回避できるか、そこに焦点を当てます。誤訳が払拭できないのなら、誤訳ゼロに限りなく近づけるという工夫も対応策の一つです。翻訳者が陥りがちなミスを徹底的に排除するという策に出ます。

　そのために、優に五十冊を超える翻訳関係の書物を読んでみました。そしてこれぞという翻訳の「秘訣」を公式化して本書にまとめました。

　さらにそういう公式がどれほど翻訳の実践に役立つものか試してみました。先程述べた長篇をはじめ、大学や大学院で扱う作品は、短篇も含めてすべて翻訳しました。そのことにより、みずからの失敗や誤訳に学ぶことができました。

もちろん先行する既存の翻訳にも大いに教えられました。とくに本邦初訳となると誤訳が目立ちます。新しい翻訳が出るにしたがって、誤訳の数は減少していきますが、誤訳が皆無というわけではありません。このことは既に述べたとおりです。

　おかげで、種々の名訳や誤訳に学ぶことができました。そういう自他の失敗や経験もこの書物に生きています。

　こう述べてきますと、なにもプロの翻訳家をめざしてこの本を手にしているのではないぞ、と反論されそうです。実際、翻訳なんかに興味はない、というお方も多いでしょう。

　ところがこの本は、どうすれば間違いなく英語が正しく読めるか、その技術と実践を示した書物になっています。翻訳家を目指すか否かとはかかわりなく英語力向上の指南書となっているのです。

　そういう意味で、本書は、翻訳能力と英語力の二つを向上させる書物だと理解していただきたいと存じます。ぜひご活用ください。

　最後にどうしてもひと言お礼を述べるわがままをおゆるしいただきたい。恐れ多くも、ささやかな本書の出版を奨めてくださった南雲堂の青木泰祐編集長に、心から、深甚なる謝意を表します。そして、筆者を十八まで育て上げたのち幽明界を異にした祖母、小田稔福岡教育大学名誉教授をはじめ御恩を賜った先生方、先輩と友人、そして憚りながら親族に、伏して感謝の誠を捧げます。

平成二十二年春　著者

本書の構成

本書は全20章からなり、各章は4つの部分から構成されています。順に**本章のテーマ**、**例題にチャレンジ**、**翻訳実践にチャレンジ**のあと、最後に、**確認テストにチャレンジ**が続きます。

まず、**本章のテーマ**で各章の主題が述べてあります。次に、**例題にチャレンジ**にはその章に関わる例題があり、解説と解答例が続きます。

次に、**翻訳実践にチャレンジ**では問題が10問あって、その直後に各問の● 解説 ●と 解答例 が示されます。そして最後の**確認テストにチャレンジ**が続きます。ここでこれまでに学んだ事柄の理解度を最終的に点検する、という構成です。

本書の使用法

本書は、読み物としてお読みいただいてけっこうです。どの章から読んでくださってもかまいません。各章は、順に読みすすめる流れになっています。気楽に通読してくださってかまいません。それだけで、かなりの力が身につきます。

さりながら、もっと読みごたえのある読み方をしたい向きには、以下に述べるような方法もあります。本書を読んでいただくための、ほんの一例です。こういう読み方に限るというものではありません。お役に立つことがあれば、何かの参考にしてください。

はじめに**本章のテーマ**を読んで、各章の学習事項をつかんでください。それから**例題にチャレンジ**にすすみます。ここでは例題一つと● 解説 ●が示されます。各章のテーマに基づく翻訳実践の技術を例示し解説したものです。よく読んでその章の翻訳技術を学び取り、次の翻訳実践問題を解く要領をつかんでください。

翻訳実践にチャレンジは、各章で学びとった技術を用いて自分で翻訳してみて、翻訳技術を実地で身につける演習です。ここでは、実践問題の10問が用意されています。● 解説 ●と 解答例 は、まず自分なりの答えを考え出してから読むようにしてください。少なくとも頭の中で自分の答えを用意してから目を通してください。（なお、解答は、あくまでも一例です。これしか正解はない、というものではありません。この点はご承知おきください。）

最後の**確認テストにチャレンジ**は、各章で学んだことが定着しているかどうかを確かめる問題です。全部で5問あります。

　たとえば、As they say, money is a thing that comes and goes. を翻訳せよ、という問いがあったとします。その章の狙いが「語順どおりに訳せ」ということであれば、「諺にあるように、金は天下のまわり物である」のように翻訳します。もちろん、「金は天下のまわり物だという」と訳しても間違いではありません。でも、その章で学びとった技術を用いた翻訳とはなっていないので、正解とは言えません。なぜなら、英文では As they say, が文頭にあるのに、日本語では「～だという」というふうに文尾に訳をもってきたところがよくないからです。

　このように、その章の最後の5問は、各章の実践的な翻訳技術を身につけたかどうかを確認する問題です。この解答と●解説●は、章の末尾に示してあります。

　翻訳は、答えを出すまでに充分な時間がとれます。これが同時通訳とは大きくちがう点です。翻訳という作業の場合、納得がいくまで時間をかけることができます。むしろそれが望ましい姿でもあります。

　そこで、翻訳に欠かせないのが辞書です。辞書は翻訳者にとって最大の家庭教師です。

　わが国の学習辞典の質の良さは世界に誇れるもので、英語国の人々が真似しはじめたほどです。とくに英和辞典は他の外国語辞典とちがって、種類も多く質も高く定評があります。高い信頼性があります。ですから、辞書はぼろぼろに引きつぶすくらいに活用してください。

　こういう調べる作業は翻訳に不可欠です。また決して楽な作業でもありません。その際に身の回りに調べるための辞書がなければ、図書館やインターネットに頼ることができます。図書館には各種の辞典や事典がそろえてあり、インターネット上にも情報があふれています。このため、昨今はずいぶんと便利になりました。もちろん、嘘の情報もかなりありますが、調べやすくなったとは言えます。

　本書で翻訳問題として示した英文について説明します。設問の英文はできる限り短かくするよう努めました。長文だとどこに学習ポイントがあるのか探し出すまでに時間がかかるからです。おまけに、ポイントと関係のない英文を長々と読まされると、学習意欲をなくしてしまう恐れがあります。逆に、ひょっとすると、こんな短文を翻訳して何になると思う方もいらっしゃるかもしれません。でも、翻訳のコ

ツを学びとって翻訳技術の基本を体得することが狙いですので、ごく短い英文でも馬鹿にせずに付き合ってください。

　内容は、初心者にも一見やさしいと思われるかもしれませんが、この一冊を読み終えたら、翻訳力に格段の差がみられるはずです。英語の腕もあがったと実感できることでしょう。実際この本は、翻訳能力の実践的向上を第一の目的としながら、同時に英語力の向上をねらった書物でもあります。だから、そういう副次的効果が期待できます。大いにご活用ください。

目 次

はしがき		3
本書の構成・本書の使用法		5
1章	この英文が正しく読めますか？ 翻訳力テスト	11
2章	こまめな辞書引きは基礎の基礎	22
3章	彼、彼女、それ、それらはご法度	34
4章	形容詞は落とし穴だらけ	44
5章	時には必要、補充訳	56
6章	翻訳は原文どおりに頭から	69
7章	国語力への志は高く	78
8章	動詞はふくみも見落とさず	92
9章	名詞の誤訳は誤魔化し利かぬ	105
10章	助動詞をあまく見るな	121

11章	意外に乏しい英語力	132
12章	態を転換する訳の技法	144
13章	品詞転換訳	155
14章	訳語がなければ自分でつくれ	166
15章	前置詞をあなどるなかれ	178
16章	慣用表現に慣れよ	192
17章	副詞は意味の手品師	202
18章	婉曲表現を見抜け	218
19章	構造転換訳は不可欠	230
20章	全章のおさらいテスト	246
略号・翻訳関係参考文献など		258
索引		266

この英文が正しく読めますか？翻訳力テスト

まずは小手調べです。この書物ぜんたいに関わる問題を用意しました。問題は、全部で10題です。例題としてさっそく翻訳をやってみましょう。

次の英文を翻訳してみてください。

　　I will <u>make</u> you a good husband, if you will let me. Will you marry me?

上記の文を見て、次のように訳しがちです。

　　×　あなたをいい夫にしてみせます、私にまかせていただけるのでしたら。結婚してください。

日本語として、何か変ですね。これは make you a good husband の構文をとりちがえているところに原因があります。この I will make you a good husband. という文は、SVIODO の第4文型で、「IO にとっての DO になる」の意味です。つまり I will make a good husband for you.（あなたにとってのいい夫になります）という表現と同じです。かなり英語ができる人でも正解にたどり着くのに苦労なさったのではないでしょうか。

　この make は、日本語では「～になる」という表現にぴったりです。たとえば、He'd make a good traffic cop.（あの男だったらきっと立派な交通係の警官になるぞ）と言うときの make と同じです。

　また『コウビルド英英辞典』は、「人がある特別な役を務めるのに打って付けの資質を備えていることを言うのに make を用いる（You can use "make" to say that someone has the right qualities for a particular role.）」と説明しています。そして、I'm very fond of Maurice and I'd make him a good wife.（私はモーリスのことが大好き。だから私ならきっとモーリスのいい奥さんになるわ）という例文を載せています。

　　解答▶　あなたのいい夫になります、もしそうさせていただけるのでしたら。結婚してください。

翻訳実践にチャレンジ

では、以下に問題を提示いたしますので上記の例を参考にして、個別に問いがあればそれに従い、各英文の翻訳に挑戦してみましょう。

1 I'm a farmer. ◆ What do you do back in your country?（お国では何をしていらっしゃるのですか）と聞かれたその返事として。

△ 私は百姓です。

解答

●解説● この farmer は、owner or manager of farm (POD); a person who owns or manages a farm (OALD) ということであり、要するに「大農場を経営している人」というのが英語の意味です。

　これは、ある新聞記者から聞いた話です。国務省に招かれた折りに、アメリカの farmer を訪ねたというのです。訪問した農家は隣家まで五十キロは離れている。納屋に小型飛行機があり、ライフル銃がある。何のためかと問うと、広い耕地に種を蒔くためにこの飛行機が必要で、銃はカラスを撃ち殺すためだ。納屋から飛び立つときカラスが飛行機に当たり故障して困るのだと言う。それじゃ屋根に穴が空き、雨が漏って困るだろう、と問うと、なあに、穴があかないよう銃の口径は計算してあるから大丈夫、とのこと。農業の規模の巨大さもさることながら、アメリカのスケールの大きさにはたまげたという話です。

　こういう農場経営者が farmer なのです。日本で言う「百姓」は英語では peasant です。peasant は a farmer who owns or rents a small piece of land (OALD) で、「自分で所有するか借りるかして、小さな土地を耕す人」を言います。

解答例▷ 農場を経営しています。

2 It was nice and sunny yesterday.

× きのうは素敵で晴れだった。

解答▶ _____

●解説● この nice and は成句で「いい具合に、申し分なく、とても (satisfactorily)」の意味で、次にくる形容詞や副詞を強めるはたらきをします。

たとえば、We had a wonderful time at this nice and comfortable hotel.（私どもはこのとても快適なホテルで楽しい時間をすごしました）のように nice and は comfortable を強調した表現です。

なお、It's nice//and cool today. と pause を入れると「きょうは天気もいいし、涼しい」の意味になります。

解答例▶ きのうはとても心地よく晴れていた。

3 What kind of sailor are you?　　◆皮肉なしの表現として。

解答▶ _____

●解説● これは、船員だと見られて質問されているのではありません。船酔いをするかどうかを問う質問です。ですから、返事は、船酔いするようであれば I'm a bad sailor.（船酔いをしてしまいます）とか I'm not much of a sailor.（船にはあまり強くはありません）と言います。船酔いしないなら I'm a good sailor.（船酔いはしません）などと答えます。

解答例▶ 船酔いはしますかしませんか。／船には強いほうですか弱いほうですか。

4 He didn't speak more than two words.

解答▶ _____

●解説● このように more than two という場合、two は含みません。2も含めたい場合は two or more words（2語もしくはそれを上回る語数）とか two words and over（2語以上）と言います。よって more than two は3以上ということになります。

解答例▷ あの人（彼）は三語以上話すことはありませんでした。

5 I couldn't care less.
　　　　　　◆ Did you know Beth bought a diamond ring? と聞かれた返事として。

解答▶ _____

●解説● これは I couldn't care less [whatever she bought]. ということで「（ベスが何を買おうと）私にはこれ以上気にしないことはなかろうと思われるほど気にしない」というのが原義です。

　つまり、「しばしば歯に衣を着せずに、ある人や物事が、大事だとは思わない、あるいは、気にする価値のあることだとは思わない（often rudely, that you do not think that somebody／something is important or worth worrying about）」（OALD）と言うときに使う表現です。

解答例▷ 全く関心がありません。／私の知ったことではない。／そんなことちっとも気にしない。

6 I was very amusing yesterday.　　　　　　◆ comedian が自慢して。

解答▶ _____

●解説● この amusing の元となる動詞 amuse は「（人）を面白がらせる、笑わせる」という意味の他動詞です。それが amusing という形容詞になっても「（人）を面白がらせる」という他動詞的な意味を失いません。だからこういう翻訳になります。

解答例▷ きのうは大いに人を笑わせた／面白がらせた。

7 The boss is out of humor.

解答 _____

●解説● この out of humor は「ユーモアがない」わけではなく in a bad mood ということで、「ご機嫌ななめである」という意味です。

解答例 社長（上司）は機嫌が悪い／不機嫌だ／怒っている。

8 Tell her I'm not at home to anybody.

解答 _____

●解説● この not at home は not available to callers（POD）ということで、「（人）の訪問を受けられる状態ではない、（人）に会う用意がない」という意味です。

　この慣用句は、夏目漱石と不意の客との逸話を思い出させます。お手伝いさんが来客を取り次ぐと、漱石は、「いないと言ってくれ」と言う。玄関の来客にそう伝えると、どうも納得しない。お手伝いさんは、ふたたび書斎の漱石にその旨、報告する。すると「不在だと伝えよ」と漱石は言う。またお手伝いさんは玄関に取って返す。今度は「なにか書斎で声がしたようだが、居るんだろう、会わせてくれ」と言って引き下がらない。

　困ったお手伝いさんは、また漱石にご報告。すると、業を煮やした漱石は、自ら玄関に出て行って、「この漱石本人が、『家に居ない』と言っているんだ。これほど確かなことがあるか、帰りたまえ」と言った。

　かなり出来すぎた逸話ですが、来客に I'm not at home. を生で訳して伝えたところが実に漱石らしい。弟子たちと会う木曜日でもなく、誰とも面会の約束もしていない。だからズバリここは「人の訪問を受けられる状態ではない、人に会う用意もない」と言えばすむものを、この本人が「私は家にいない」と言ってる、これほど本当のことがあるか、とのたまう。流石、「石に枕し、流れで口を漱ぐ」のでなく、「流れに枕し、石で口を漱ぐ」だけの漱石です。もちろん I'm not at home. は両方の意味に取れることを知った上での発言であるところに、漱石独自のユーモアがあります。

解答例▷　きょうは誰にも面会しない（会わない）と彼女に伝えてくれ。

9　訳文に「〜日おきに」ということばを含めて、次の英文を翻訳してください。

Meg jogs every three days.

解答＿＿＿＿＿＿＿＿＿＿＿＿＿＿＿＿＿＿＿＿＿＿＿＿＿＿＿

●解説●　「三日に一回」というのが every three days の意味。結局／○××／○××／○××／と連続するので「三日ごとに一回」ということになります。つまり、○と○の間には二日（××）を置くので、「二日おきに」が正解です。

解答例▷　メグは二日おきにジョギングをする。

10　次の文中の（　）内にそれぞれ英語1語を入れた上で全文を翻訳してみましょう。

Indians can't eat (a.　　　); Muslims can't eat (b.　　　). They simply can't eat these things for religious reasons.

解答　（英語）(a) ＿＿＿＿＿＿＿＿　(b) ＿＿＿＿＿＿＿＿

（翻訳）＿＿＿＿＿＿＿＿＿＿＿＿＿＿＿＿＿＿＿＿＿

●解説●　ここで（a）と（b）は文化的知識として不可欠です。知らなければ正解に辿り着くまで調べる必要があります。

　翻訳で難しいのは、simply can't の部分。副詞の simply が否定語の前に来ると「どうしても、ぜったいに」の意味になります。simply を「単に、ただ」の意味ばかりと思い込んでしまっていると、とんだ誤訳となります（副詞は意味の手品師の章で詳述します）ので注意しましょう。これも辞書を丹念に引けば解決します。

> **解答例** （英語）(a) beef　(b) pork
> （翻訳）インド人は牛肉が食べられず、イスラム教徒は豚肉が食べられない。なぜなら、いずれも宗教上の理由でどうしても食べられないからである。

いかがでしたか。予想外に手こずった人もいたのではないでしょうか。でもご心配なく。一つずつ各章を勉強して最後までたどり着くころには、皆さんの翻訳能力や英語力は格段に進歩し、しっかりと力がつくようになります。ご安心ください。

では最後に、これまで学んだ事柄を次の問題で確認してみましょう。

確認テストにチャレンジ

今までの練習を参考にして、個別に問いがあればそれに従い、各英文の翻訳に取り組んでみましょう。

❶ Can you tell me the way to Leicester University?

解答 _____

❷ Betty has never slept late in her life.

解答 _____

❸ I was asked at the job interview, "Can you deliver?" I said "yes." After landing the job, I have proved I can deliver on what I promise.

解答 _____

❹ I'll go the whole nine yards for you.

解答 _____

❺ 以下の日本語表現で正しい方を記号で答えてください。

1. a) 金にまかせて買い集めた骨董品。
   b) 金に飽かして買い集めた骨董品。

2. a) 足下をすくわれた。
   b) 足をすくわれた。

3. a) 驚いたことに、車中では実によく本が読めるのである。
   b) 驚くことに、車中では実によく本が読めるのである。

4. a) 論戦を張った。
   b) 論陣を張った。

5. a) 休まさせていただきます。
   b) 休ませていただきます。

6. a) 心血を注いだ。
   b) 心血を傾けた。

7. a) 十時前十分です。
   b) 十時十分前です。

8. a) やはり気がおける友だちはいいものだ。
   b) やはり気がおけない友だちはいいものだ。

9. a) いちだんらく（一段落）した。
   b) ひとだんらく（一段落）した。

10. a) 熱にうなされた。
    b) 熱にうかされた。

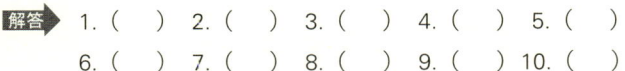
1.（　）2.（　）3.（　）4.（　）5.（　）
6.（　）7.（　）8.（　）9.（　）10.（　）

　いかがでしたか。やや閉口する問題もあったかもしれません。でも日本語の問題はしっかりおできになったと思います。さて、解答例はどうなっているのでしょう。

「確認テストにチャレンジ」の解答と解説

❶ レスター大学へ行く道を教えてくれませんか。

●解説● イングランド中部に位置し、Leicestershire の行政の中心地 Leicester にあるのがこの大学です。この地名は「レスター」と発音します。

ほかにも発音に注意を要する地名は、Worcester、Warwick、Gloucester などで、それぞれ「ウスター」「ウォリック」「グロスター」と発音されます。

わが国では地名は現地主義（現地の住民の発音どおりに表記するやり方）を原則としています。たとえば、Turin、Paris、Rome は「トリノ」「パリ」「ローマ」と表記し、チューリン、パリス、ロゥムなどと英語式にはやらないのが原則です。

❷ ベティはこれまで一度も寝坊したためしがない。

●解説● この sleep late は「寝過ごす、寝坊する」という意味です。「夜更かしする」のではありません。

「夜更かしする」のであれば、sit up late at night とか stay up late などの英語表現が使われているはずです。また、「夜遅く寝る」のなら、go to bed late at night といった表現が使われます。

❸ 就職の面接で「成果が上げられますか」と聞かれたので、私は「はい」と答えた。就職してのち、確約どおり成果が上げられることを私は証明した。

●解説● 文脈にもよりますが、Can you deliver? とは「うまくやりとげることができますか」とか「期待に応えることができますか」あるいは「業績があげられますか」という意味です。

そしてこの後に、on〜という文句が続くと「〜の約束が果たせますか」とか「〜の仕事がちゃんとできますか」という意味にもなります。

この文脈では、「配達できますか」とはなりません。"Can you deliver?" は、アメリカの会社の面接などでよく聞かれる質問の一つと言われています。

❹ あなたのためなら何でもします／できる限りのことを目一杯やります。

●解説● この go the whole nine yards for you は慣用句で、意味は go the whole hog と同じです。言わんとするところは、to do something thoroughly or completely（OALD）つまり「何かを徹底的にやる」ということです。

これを『コウビルド英英辞典』では、do something bold or extravagant in the most complete way possible（大胆もしくは法外なことを完膚無きまでやる）ことだと説明しています。

❺ 1.（ b ）　2.（ b ）　3.（ a ）　4.（ b ）　5.（ b ）
6.（ a ）　7.（ b ）　8.（ b ）　9.（ a ）　10.（ b ）

●解説● すべてに正解が出せた方は、相当な国語力のある方です。おめでとうございます。

ここで取り上げたのは、翻訳された文章から採ったものではなく、日本人が普通に書いた文章を読んで見つけた間違いです。ちなみに、1.と3.の誤った言い回しは有名な大学の先生お二人のエッセイから採録したもの（有名税としてご勘弁を）。

この手の間違いは、思い込みが原因でしょうが、誰にもあります。間違いの発生原因は、翻訳をする際に生じる誤訳とよく似ています。私たちがふだん書く文章も辞書で確かめながら書く癖をつけないと、とんでもない間違いをしてしまうことがあります。気をつけましょう。

こまめな辞書引きは基礎の基礎

2章

本章のテーマ

　分からないことばは辞書を引くけれども、知っていることばまでは調べない。そういう人が多いかもしれません。ところが、そこに翻訳の落とし穴があります。

　たとえば、water a plant は give a plant water（植物に水をやる）という意味だと分かっている。そうすると I know how to water a plant. は「植物への水やりはどうするか心得ている」という翻訳に行き着きます。ここまでは問題ありません。

　この勢いで If you ever get a chance to milk a cow, definitely go for it. という文に出会うと milk a cow を「乳牛に乳をやる」ことだなと思ってしまう。自動的にそう訳してしまう傾向が私たちに無いとはいえません。

　たとえば、sink the enemy's ship は「敵の船を沈める」です。では、sink the dam はどうでしょう。ここまでくると、「ダムを沈める」とやってしまう人はいない。辞書に手をのばして、「ダムの水位を下げる」ことだと確認するでしょう。

　とにかく、中学生レベルの英語の意味はすぐ分かるので、辞書を引く手間を省く人が意外に多い。すると、そのために誤訳を招くという悪循環に陥りがちです。

　この water a plant と milk a cow は、water と milk という他動詞が使われていますが、双方の意味内容は違っています。一方は「水をやる」で、もう一方は「〜の乳を搾る」という意味です。赤ん坊にお乳をやるように、牛に乳をやるんだろうと勝手な解釈をして辞書を引く手間を惜しんだら誤訳をしてしまいます。

　要するに、翻訳をする作業では中学レベルのやさしいことばでも、ちゃんと辞書を引くぐらいの細心さが必要だということです。辞書をこまめに引く癖をつけると、初歩的なミスは解消できます。知っていると思い込んでいることばには落とし穴があります。

　とくに既知のことばを辞書で引く場合は、辞書の一番最後の意味から逆に引き上げて行くと正しい意味にヒットする確率が高くなります。さらに、引き終わったらそのあとすぐ辞書を閉じずに、その単語の項目を読み通す癖をつけると、英語力と翻訳力が格段に向上します。こまめな辞書引き、これがこの章のテーマです。

例題にチャレンジ

先ず、次の英文を翻訳してみましょう。

The bread was good and brown.

×　パンはおいしくて茶褐色だった。

と訳した人はいないでしょうか。日本語としてしっくりきませんね。正しくは「パンはほどよく焦げ目がついていた」という意味です。以下に解説します。

この good and は「とても、非常に、申し分なく」という意味です。中学時代から good なんて誰でも知っている単語だというわけで、辞書に手をのばさなかったのでしょう。そこが躓きでした。

この and は good と brown とを結び付ける and ではなく、good and というちゃんとした慣用句の一部なのです。

じっさい、She was good and drunk. なら「すっかり酔っていた」などの意味になります。一見やさしい単語でも、辞書を引く手間を惜しまず、しっかり辞書で確かめましょう。こまめに辞書を引くことが肝要です。

辞書を引くことが苦痛だと感じるならば、まだ辞書を引き慣れていない未熟な段階を脱しきれていないといっていいでしょう。辞書引きが苦にならない段階に入ると、だいたいその時点で辞書一冊がボロボロになっているはずです。こうなると、英語力がぐっと向上している自分に気づくようになります。辞書を引くのがまったく苦にならないようになるまで精進する。これを英語学習の第一目標に設定したらいかがでしょうか。

翻訳実践にチャレンジ

上の例題を参考にして、個別に問いがあればそれに従い、各英文を翻訳してみましょう。

1　物語の山場で私服警官がお尋ね者のボブに言う台詞です。誤訳部分を抜き出して正しい訳を書いてください。

Going quietly, are you?　That's sensible.　Now, before we go to the station here's a note I was asked to hand you.

（O. Henry, "After Twenty Years"）　◆ヒント: 物語に鉄道は全く登場しません。

× おとなしくきてくれるな、ん？ それが分別というものだ。ところで駅に行く前にこの手紙を渡しておこう。　　　　　　　（Net上で見つけた翻訳。）

解答　（誤訳部分）＿＿＿＿＿＿＿＿＿＿＿＿＿＿＿＿＿＿＿＿＿＿

　　　　（正しい翻訳）＿＿＿＿＿＿＿＿＿＿＿＿＿＿＿＿＿＿＿＿＿

● 解説 ●　この station に「駅」という意味があると知ったらもう二度と辞書を引かない。そうすると、こういう誤訳が生まれます。

　実は station には a railway station 列車の停車駅、a bus station バス発着所、a gas station 給油所、a pay station 公衆電話ボックス、a fire station 消防署、a nurse station 看護師詰め所、a TV station テレビ局、a naval station 海軍基地、a polling station 投票所、など色々あります。ここは the police station 警察署、の意味で使われています。

　翻訳は単語を右から左に訳すのではなく、原文の真意を日本語で表現する作業です。文脈からして辻褄が合わない場合は必ず辞書を引く癖をつけましょう。そしてコンテクストに最もふさわしい訳語を選びだします。適切な訳語がなければ、達意の訳語を自分で創り出し、原文の意味を分かりやすく読者に伝えることです（これについては別の章で詳述します）。

解答例　（誤訳部分）　駅に行く前に
　　　　　（正しい翻訳）　署に行く前に

2　I doubt that I will ever use it again.

解答　＿＿＿＿＿＿＿＿＿＿＿＿＿＿＿＿＿＿＿＿＿＿＿＿＿＿＿＿

● 解説 ●　動詞 doubt が that 節を従えると、「that 以下ではないと思う」の意になります。

　「私がそれを再び使うだろうと疑う」では何のことか分かりません。「〜ではないと思う」と訳さなければいけない。これも辞書を引く手間を惜しまなければ正解が出せるはずです。

解答例　私がそれを使うことは二度とないだろうと思います。

3 I don't think that changing your name is difficult.

> 解答

● 解説 ●　「あなたの名前を変えることは難しいとは思わない」は正しくありません。don't think の否定部分 not は見た目（表層構造）は think を否定しています。でも実質的に（深層構造）は that 以下の内容を否定しているのです。

　もちろん I think that changing your name is not difficult. という意味ですが、英語では I don't think that 〜のように言います。なぜでしょうか。

　こういう表現形式は、「従節の内容を直接否定しないために一段と控え目な否定表現」となるからです。したがって、好んで使われます。

　なぜかといいますと、changing your name is difficult の部分をいきなり not で否定すると生々しく直接的すぎるとおもう気持が働くからです。たとえば、「ご注文は」とウェイターに聞かれて、I'll have a steak dinner. と言うよりは、I think を付けて I think I'll have a steak dinner. という方がいい。I think がつくと、「まだ決めかねている」雰囲気がかもしだされて直接的でギスギスしていないまろやかな表現になります。これと理屈は同じです。

　つまり I think that 〜 not 〜. というふうに that 以下を直接否定するよりは、I don't think that 〜. と that 以下を間接的に否定するほうが、よりまろやかで、含みをもった表現となります。

　例文を一つ。I don't think I'm suited to this job. （どうも私はこの仕事に向いていないようです。）これは、I'm not suited to this job. という表現に比べるととげとげしさがありません。控え目で事情をくみとった上での発言という印象を相手に与えることができます。

　以上述べたことは、not や think を辞書で引けば十分な説明があるはずです。わが国の学習辞典は世界のトップレベルにあります。大いに活用しましょう。

> 解答例　あなたの名前を変えるのは難しくないと思います。

4 Do you have the time?

解答 _____

● 解説 ● これは、Do you have the time? で、「いま何時」の意味になります。日本語でも点（、）一つで大が犬や太に変貌しますから、the の有る無しは英語でもお互いさまです。これも辞書を引けば一目瞭然です。

「お時間ありますか」「今いいですか」とか「ちょっと付き合わない」「ちょっと遊ばない」と訳したのでは不正解。the が付かない Do you have time? と混同しないこと。

英語のかなりできるご婦人にこのことばを発してムッとされたことがあります。何を誤解されたかは、すぐに分かりましたが。

解答例 いま何時ですか。

5 Linda was a busgirl for a while.

解答 _____

● 解説 ● 和製英語と混同しないようにしましょう。busgirl や busboy はOALD によれば、a person who works in a restaurant and whose job is to clear the dirty dishes（レストランで働く皿洗い）です。あるいは、テーブルを片付け、給仕の手伝いをする「ウェイトレス見習い」を言うこともあります。

busgirl が載っている辞書は珍しいでしょうが、busboy なら載っています。見当がついたでしょうか。ちなみに、バスガイドは、英語では a bus tour guide といいます。

解答例 リンダはしばらくレストランの皿洗い（／ウェイトレス見習い）をしていた。

6 The lake has practically disappeared after six years'

drought.

解答▶ _____

●解説● practically を「実際的に」と訳すのは文を修飾する場合です。6 のように practically が修飾する語の直前に置かれると「ほぼ、ほとんど（almost、all but、nearly）」の意味になります。たとえば、He had practically finished his meal when I arrived.（彼が食事をほぼ食べおえた頃に私は到着した。）のように使われます。

なお、この 6 の英文はただ単に「旱魃になって六年後にその湖があらかた消えた」という意味です。「旱魃は六年で終わりその後雨が降った」という含蓄はありません。その意味を出したいなら、英文は The lake has practically disappeared at the end of six years' drought. となります。この違いにも留意して翻訳しましょう。

解答例▶ その湖は、旱魃が六年にわたると、ほとんど消えてなくなってしまった。

7 Going out? You can't go around in the dark like this. Why, you ought to know better.

解答▶ _____

●解説● ポイントは why と know better の二つです。why を「なぜ」と訳してはダメ。疑問詞ではなく間投詞の why であり、発音は、アルファベットのYと同様 [wai] となります。間違った人は辞書に当たってください。

もう一つのポイント You ought to know better. は know better を辞書で調べれば「もっと分別があるべきだ」が元々の意味で、「そんなことでどうする」と叱ってさとすことばだと分かるでしょう。

解答例▶ 出かけるのか。こんな暗い中を出歩いちゃいかん。まったく、おまえもわからんやつだな。

8 We recommend that you worm a dog three times a year.

解答　_____

●**解説**●　この worm a dog は「犬に虫下しを飲ませる」という意味です。worm a flower-bed が「花壇の虫を駆除する」というのも同じような用法です。

　すでに知っていることばを辞書で引くときは、逆から（一番後ろから）引き上げて行くやり方を試してみてください。自分が知らなかった用法にすばやくヒットする確率がわりに高くなります。

解答例　私どもは年に3回犬に虫下しを飲ませることをおすすめ致します。

⑨ No, but you're getting warmer.　◆問題の答えを言った返事として。

解答　_____

●**解説**●　warm の辞書項目を読めば「（質問に対する答えが）正解に近い」という定義が出ているはずです。「あなたの体がだんだん温かくなった」のではありません。

解答例　違います。でもだんだんと正解に近づいています。

⑩ A little smoke couldn't be noticed now, so we could take

some fish off of the lines and cook up a hot breakfast.

（Mark Twain, *Adventures of Huckleberry Finn*）

- ✕ この時分には僅かの煙は目立たないので、僕らは釣糸から魚をはずし、熱い朝飯を料理する。（M氏訳　S社）
- ✕ もう、少しぐらいの煙は目立たなくなったので、おらたちは、釣り糸にかかった魚をとって、あったかい朝めしを作る。（N氏訳　I社）
- ✕ ここまで来ればもう、煙をちょっと立てたって分かりっこないから、釣糸にかかった魚をはずして、ほかほかの料理をたべる。（K氏訳　C社）

解答

●解説●　この cook up ということばを一々辞書で引く人は少ないのではないでしょうか。でも cook と cook up が同じだと勝手に思い込むと誤訳が生じてしまいます。

　cook up には「～を手早く料理する、サッと料理する、即席に料理する」の意味があり、cook と同じではないのです。

　億劫がらずに小まめに辞書を引き、その項目を隅から隅まで読むように心掛けましょう。誤訳も防げる上に、英語力もつきます。

解答例　わずかな煙ぐらいならもう人目につきにくいので、釣り糸から魚を数匹はずして、温かい朝食を手早く作った。

では最後に、これまで学んだ事柄を次の問題で確認してみましょう。

確認テストにチャレンジ

簡単そうなことばでも辞書を引いてみることの大切さがお分かりいただけたでしょうか。今一度辞書に手を伸ばして、各英文を翻訳してみましょう。

❶ What a shame he couldn't come!

　　× 彼が来ないなんてなんたる恥さらしだ。

解答　_____

❷ 以下の訳文には決定的な誤訳が一箇所あります。誤りを正してください。

"Americans have more energy and a better work ethic," he said, sipping tea in his sumptuous library. （IHT 8／3／06）

　　× 「アメリカ人はもっと元気があり、もっと勤労意欲がありますよ」と彼は豪華な図書館で紅茶をすすりながら語った。

解答　（誤訳部分）_____

　　　（正しい翻訳）_____

❸ He is wearing two hats.

解答　_____

❹ What kind of compensation do you want?　◆会社の面接で。

　　× いかなる補償が欲しいと思っていますか。

解答　_____

❺ He promised he would never leave me.

解答　_____

以上は、どれも簡単なようですが、辞書なしで試みた訳と辞書と相談しながら取り組んだ訳とでは、雲泥の差がつく類の問題です。正しい翻訳はどうなるのでしょうか。

「確認テストにチャレンジ」の解答と解説

❶ 彼が来られなくて残念だ。

●解説● この a shame は「ある事柄を残念に思うとか事の成り行きがもっとちがうふうになっていたらよかったのになあ」という気持を表すときに使います。ですから、辞書には「残念な事、遺憾な事」と載っているはずです。

また、同じ shame でも Shame on him. と言えば、「彼は自分が成した言動に対して恥じ入る気持をいだくべきだ」という意味で、「あいつ、恥を知れ」という訳文になります。一見やさしい単語でも辞書で確かめるようにしましょう。

❷ （誤訳部分）　図書館で。
（正しい翻訳）　書斎で。

●解説● この library の訳が問題です。世界じゅうを探して回れば紅茶をすすりながら利用できる図書館施設もあるかもしれません。でも普通だったら、コンピュータのキイボード上で紅茶をすするのと同様、嫌われます。不注意で紅茶をこぼして本を汚してしまったり、キイボードを駄目にしたりするからです。

ここは his library とありますから、"his room in a large house where most of the books are kept"（Cf. OALD）「大きな屋敷の一室で大半の本を所蔵してある部屋」というほどの意味の「書庫」とするか、本に囲まれて仕事をする「書斎」とするかのどちらかです。

中学のころ library は「図書館」と覚えて以来、もう二度と library を辞書で引くことはない、というのは考えものです。もちろん、ほとんど全部の方が正解だったでしょうれども。

❷ 彼は二足のわらじをはいている／二つの職に就いている／一人二役をしている。

●解説● これは「彼は二つの職についている」という意味です。もし二つ以上の職に就いているのであれば、He wears more than one hat. となっているはずです。

ここで辞書も引かずに、高校球児が野球帽の上からヘルメットをかぶるように、普段でも帽子を二つかぶっているのだろう、と想像するのは早計です。

He wears〜. と設問の He is wearing〜. に違いはあるでしょうか。あります。wears のように単なる現在形をとる場合は、「動作」ではなく「状態」を表します。他方、設問の文章のように、be wearing の「現在進行形」の形をとれば、「二足のわらじをはいている」のが「一時的状態」であることを示します。形はまったくの現在進行形ではあっても、意味が違います。たとえば Rob is living in Beppu. のような現在進行形は「ロブは（今のところ一時的に）別府に住んでいる」という意味です。永住するつもりではなく一定期間だけ住んでいるという「一時的状態」を表現しています。

したがって、設問中の「彼」は、役職の期間が過ぎたら、元の「ただ一つの職」に復帰することになります。今は一時的に二足のわらじをはいているというわけです。

❹ （この会社で）どのくらいの給料をお考えですか。

●解説● 設問の英文は、意味的には、How much money do you want in this company? とか How much do you want to make in this company? と同じです。ちがいは、この二つの表現よりも、設問の英文の方が上品な言い方だという点で、こちらの方が面接では好んで使われます。

❺ 彼は私を一人にしない（／見捨てない／別れない）と約束した。

●**解説**● ここで解答を見て、あれ、この意味なら英文の最後に alone が来べきではないか、と疑問に思われたかもしれません。これでいいのです。この leave は「見捨てる（abandon, forsake, desert）」（POD）の意味で、leave alone は「邪魔をしない（not interfere with）」（POD）という意味だからです。

　したがって、leave me alone は、意味が異なります。もし leave me alone を用いて He promised he would never leave me alone. とすると「彼は私にいつもつきまとうと約束した」という意味になります。つまり、「あなたの邪魔をしないことは絶対にないということを約束した」ことになります。

　なぜなら、Leave me alone. は「私を一人にしておいて／私の邪魔をしないで」という意味ですから、I won't leave you alone. は「君を一人にしない／君の邪魔をする」と約束したわけです。悪意があればそれはストーカー行為であり、物騒な話になってしまいます。

　ここでは alone の無い leave me という表現です。したがって、I won't leave you（君を見捨てるようなことはしないぞ）と約束した、という意味になります。違いは辞書でも確認しておきましょう。

いかがでしたか。翻訳は辞書に親しむことが基礎の基礎であることが少しは納得していただけたかと思います。

　英語学習においても翻訳の学習においても、辞書は最大の家庭教師だと言っていいでしょう。辞書を引くのが億劫でない段階に到達すれば、その後の英語力は、飛躍的な進歩がみられます。まだその域に達していない方は、ぜひ試してみてください。

彼、彼女、それ、それらは
ご法度

3章

本章のテーマ

　彼、彼女、それ、などの代名詞はできる限り翻訳文から排除します。そうするとぐっと読みやすい文章になります。それを学ぶのがこの章の狙いです。例を一つ紹介します。

　　キリスト教は人類思想史において、創造的な力として独自な位置を占めることになるのである。<u>それ</u>は宗教と倫理の問題の取り扱い方を根本的に変革したし、<u>これ</u>をなすにあたって、<u>これら</u>のものを二つの別個の問題として、両方を一緒に取り扱ったのだった。

　　　　　　　　　　　　　　　　　（『アガペーとエロス』第一巻 S 社）

　この文章で「それ」「これ」「これら」はそれぞれ何を指しているでしょうか。はたと考え、もう一度読み返しますね。代名詞を多用したために訳文がスラスラと読めなくなってしまっていることがお分かりだと思います。

　最初の代名詞「<u>それ</u>」はなくても意味は通じます。二番目の「<u>これ</u>」では元の名詞をくり返した方がいいし、三番目の「<u>これら</u>」も元の名詞二つを並べた方がいい。そうするとそれぞれの代名詞が指すものを考える手間が省けます。足踏みしなくてすむ。その分だけ内容がすんなりと読み手に伝わります。ぐっと読みやすくなります。

　翻訳は二段階を経て完成します。第一段階では英文が正しく解読できていることが大事です。訳文は大学入試の英文和訳で結構です。次の第二段階で平明達意の文章に練り上げます。今度はしっかりとした日本語で、日本人の作家なみの日本語に仕上げます。

　彼ら、彼女ら、それ、など人称代名詞をできる限り訳文から消し去ること。これで自然な日本語に一歩も二歩も近づきます。人称代名詞を使わざるを得ないときは、元の名詞をズバリ出してしまいます。そうすると自然な日本語が生まれます。

さらにもう一つ、小説などで英文には発言者が誰かを示すト書きのような件りがありますが、前後関係からみて分かる場合、翻訳は不要です。たとえば、名詞や代名詞を含む he said や Jane said の類が原文にあっても、訳文から除外できます。日本語に翻訳したら一読して誰のことばかは分かります。だから、名詞や代名詞を含む発言者を明示するための伝達節は、翻訳する必要はありません。

　代名詞の使用は最大限まで控えること。これが本章のテーマです。

例題にチャレンジ

次の英文を翻訳してみましょう。

> "Out through that window, three years ago to a day, her [= my aunt's] husband and her two young brothers went off for their day's shooting. They never came back."

（Saki, "The Open Window"）◆ この窓は観音開きのフランス窓。なお、to a day は「1日たがわず、きっかりと」の意。

　　× 「ちょうど三年前の今日、あの窓から、おばの夫と<u>彼女の</u>二人の弟が<u>彼らの</u>一日がかりの猟に出て行ったのです。<u>彼らは</u>二度と戻ってはきませんでした。」

　　解答 「ちょうど三年前の今日、おばの夫と弟二人があの窓を通って三人で一日がかりの猟に出かけたのですけれど、それっきり戻って来ないのです。」

● 解説 ●　彼女の、彼らの、彼らは、という代名詞はすべて消去しました。そのために、いっそう日本語らしい読みやすい翻訳ができあがりました。

　このように、代名詞は極限まで削減しても支障はなく、無いほうがかえって文章が光るのが日本語の特長です。

翻訳実践にチャレンジ

では問題です。上記の例を参考にして、個別に問いがあればそれに従い、各英文の翻訳に挑戦してみましょう。

1 You shouldn't judge people on first impressions.

◆ 人ひとりまたは集団に対して呼びかけてはいない場合。

× あなたは人々を第一印象で判断すべきではない。

解答▶ _____

●解説● この you は人間一般を表す「総称の you（generic you）」です。one、everybody、we、they などと同じです。つい「人は〜」と訳してしまう翻訳家も多いようです。でもこのような一般称ないし総称の you は訳す必要はありません。

解答例▶ 人を第一印象で判断すべきではない。

2 As they say, no news is good news.

解答▶ _____

●解説● この As they say は「よく言われるように」の意で、代名詞 they はこれも「総称の you」と同じで、人一般を指します。よって翻訳の必要はありません。それがいやなら、「諺に言うように」というふうに「諺」とはっきり表現するようにします。

解答例▶ 諺に言うように、便りのないのはいい便り、である。

3 We are open seven days a week. ◆ 店頭で。

解答▶ _____

3章 彼、彼女、それ、それらはご法度

●解説● この We are open. は「営業中」の意味で、we は「店」または「店の全構成員」を指すので、いちいち訳す必要はありません。

また、一人で店を経営している場合でも、「店」のことは we (ないし they) であることをここに付記しておきます。この場合も、もちろん翻訳は不要です。

解答例▷ 年中無休。

4 They sell wine by the glass, but also by the bottle.

解答▶ _____

●解説● 昔なつかしい They sell sugar by the pound.（砂糖はポンドいくらで売られている）という表現を思い出す人も多いでしょう。この代名詞 they も訳さずともすみます。

解答例▷ ワインは、グラス一杯いくらで売られているが、一本単位でも売られている。

5 They speak English and French in Quebec, Canada.

解答▶ _____

●解説● この They は「不特定の they」で「(ある地域や場所の) 人たち」を指します。訳す必要はありません。

解答例▷ カナダのケベック州では英語とフランス語が話されている。

6 They arrested Bob for driving without a license.

解答▶ _____

●解説● 代名詞 They = The police です。「彼らは」ではダメ。「その筋」や「当局」はやや近くなりますが、しっくりこない。

よってズバリ、「警察は」と訳に出すか、「ボブ」を主語に据えて訳すか、どちらかにします。つまり「ボブ」か「警察」を主語にすることにより、代名詞 they を訳文から消すという手法を採ります。

言うなれば、代名詞 they は訳文に出さないのがポイントです。でもどうしても出したければ、「警察」と訳してしまいます。

解答例〉 ボブは無免許運転で［警察に］捕まった。／警察はボブを無免許運転で逮捕した。

7 How are we today? ◆ 病院で医師や看護師が患者に。

解答〉 _____

●解説● これは How are you today? や How are you feeling today? と実質的には同じ。ただ、代名詞 we を使うと、医者や看護師の側が患者あるいは患者である子供と一体感を持って接していることが患者に伝わります。いっしょになって病気を治そうとして下さっているのだな、という安心感を与え、やさしさを感じさせますので、恐怖を与えません。

医者対患者、看護師対患者という威圧的ないし権威主義的な雰囲気を取り払い、患者と一体感を醸しだす意図があります。何よりも、患者を怖がらせない効果があります。そして、ことばづかいに一段とやさしい響きが生まれます。

解答例〉 きょうは具合はどうですか。

8 In this chapter, we looked at the four philosophers.

◆ 論文や書物で。

解答〉 _____

●解説● この we は論文や書物で筆者が I の代りに用いる代名詞です。訳文には出さずともかまいません。

ほかに、新聞や雑誌の編集者が社を代表して用いる we もあります。たとえば We also fail to understand why the prime minister suddenly decided to step down.（首相はなぜ突然に辞任する決意をしたのかこれまた理解に苦しむ）というふうに社説では使います。「編集者の we（editorial we）」と呼ばれるものですが、これも訳す必要はありません。

なお、「look at 人」は「人についてある特定の観点から考察する（judge or consider from a particular point of view）」という意味です。

> 解答例　本章では四人の哲学者について考察した。

9 Can we make it to the airport in 30 minutes, driver?

◆ タクシーの中で運転手に向かって。

解答　_____

● 解説 ●　この we は運転手と乗客およびタクシー（車体）を含んでおり、一体感をあらわす効果があります。要するに、運転手、タクシー、乗客を含めて「このタクシーは」と言っているわけです。確かに we という代名詞の意味はそうですが、でも訳文から消すことができます。

> 解答例　空港まであと30分で着きますか。

10 以下の英文の翻訳文で不要と思われる箇所を順を追って三カ所書き出してください。

A neighbor, a woman, complained to the mayor, Judge Stevens, eighty years old.

"But what will you have me do about it, madam?" he said.

"Why, send her word to stop it," the woman said. "Isn't there a law?"

"I'm sure that won't be necessary," Judge Stevens said. "It's probably just a snake or a rat that nigger of hers killed in the yard. I'll speak to him about it."

（William Faulkner, "A Rose for Emily"）

×　　隣に住む婦人は、八十歳になる市長のスティーブンズ判事に不満を訴えた。
　　「でもあれをどうしろとおっしゃるんです、奥様。」と市長は問うた。
　　「そうね、あのニオイを出すなと通知してくださいな。法律ってものがあるのじゃございませんか。」と婦人は言った。
　　「きっとその必要はないと思いますよ。たぶんエミリーさん処のあの黒ん坊が庭で蛇か鼠を殺したせいでしょう。あの男に私からよく言っておきます。」とスティーブンズ判事は答えた。

解答　（a）_____
　　　（b）_____
　　　（c）_____

●解説●　英語では、ほとんどの場合、he said や she said のように誰が言ったことばであるかを示す伝達節が必要です。

　ところが、日本語ではいちいち he said や she said と断らなくても、目上や目下、男ことばや女ことばの使い分けなどで、それぞれの台詞が誰の発言かは、はっきりと分かります。したがって、次の３カ所は訳文から削ることができます。英語国では、こういう日本語の特性をうらやむ作家もいるそうです。

　つまり、日本語では誰が言った台詞か断らなくても発言者のことばづかいで誰かは分かります。ですからいちいち訳出しません。これも翻訳の技法の一つです。

解答例　（a）と市長は問うた。
　　　（b）と婦人は言った。
　　　（c）とスティーブンズ判事は答えた。

では最後に、これまで学んだ事柄を次の問題で確認してみましょう。

確認テストにチャレンジ

今までの練習を参考にして、個別に問いがあればそれに従い、各英文の翻訳に挑戦してみましょう。

❶ I recalled seeing on the Internet that the weather forecast for today was for snow.

　解答▶ _____

❷ If you can get your message across, your English doesn't have to be perfect.　　　　　　◆一般論的発言として。

　解答▶ _____

❸ The three years during which one works on a contract basis constitute a probation period.　（IHT 7-8／4／07）

　解答▶ _____

❹ I'm not sure why we sometimes use "the" for the Center as in "the World Trade Center" and sometimes we don't as in "Lincoln Center". I haven't found the rule yet. So you have to memorize it one by one.　（NHK Educational TV 2006）

　解答▶ _____

❺ The company buys high-end squid, oysters and sea bream from local fishermen, freezes them and ships them to Tokyo and the surrounding areas.　（IHT 26-27／5／07）

　解答▶ _____

「確認テストにチャレンジ」の解答と解説

❶ 今日の天気は雪という天気予報をインターネットで見たのを思い出した。

● 解説 ● これは、代名詞の I を訳文から消すというだけのことです。物足りないという方は次の英文はどうでしょう。夫の博打癖をどうしたらいいかと相談してきた文章です。

> Each time I catch him, he is contrite and says he won't gamble again.　　　　　　（Annie's Mailbox, IHT 14／5／07）

これも I（私）や him（彼）などの代名詞を消し去ります。すると、「現場をおさえるたびに夫はくやんでもう二度とバクチはしないと言います」のような訳文が得られます。

代名詞を消した方がかえって立派な日本語になるというのがポイントです。

❷ 言いたいことを伝えられれば、英語は完璧でなくてもいいんですよ。

● 解説 ● この you は、すでに言及したいわゆる「総称の you」です。したがって、訳す必要はありません。

❸ 契約で働くこの三年は、見習い期間になっている。

● 解説 ● この one は「人はだれでも」という意味の代名詞です。意味は、総称の you や we、they、people と同じです。ただ one を使うと「堅苦しい、もしくは、もったいぶった印象を与える」とされます。この英文の場合、この代名詞はもちろん訳出するには及びません。

❹ なぜか分からないけど、世界貿易センター（the World Trade Center）のように the が付くときもあれば、リンカーン・センター（Lincoln Center）のように the が付かない時もあります。なぜかという法則はまだ見いだせずにいます。だから一つ一つ覚えるしかありませんね。

● 解説 ● ここでは、訳文に代名詞の I、we、you はいっさい現れません。すべて消去されています。それでも立派に通じる。これが翻訳の重要なポイ

ントです。代名詞は可能なかぎり訳文から削り落としてしまう。これが翻訳の技法の一つです。

　ところで、『小学館ランダムハウス英和大辞典第2版』では Lincoln Center の頭に冠詞の the が付くように記載されていますが、正しくはこの the は付きません。その理由はアメリカ人にもよく分からないようです。

❺　この会社は高品質のイカ、カキ、タイを地元の猟師から買い集めて冷凍し、東京方面へ出荷している。

　●解説●　ここでは、代名詞 them を訳文から消しています。「それらを」などと訳に含めなくても立派に翻訳として仕上がっています。

　蛇足を一つ。ここに ships them to Tokyo とありますが、この動詞の ship は必ずしも「船積みする」という意味ばかりとは限りません。列車やトラックや飛行機など、船以外の方法で輸送する場合も使います。意味は「発送する、出荷する」の意です。もともとアメリカ語法とされていましたが、最近では英国でも使われるようになっています。

　したがって、a shipping company とあったら、必ずしも「船会社」とは限りません。むしろ「運送会社」の意味で使われることの方が圧倒的に多いようです。

形容詞は
落とし穴だらけ

4章

本章のテーマ

　形容詞を甘くみて辞書を引く手間を省くと甚だしい誤訳をすることになります。一見なんでもない形容詞でも予想外の意味をもつことがあります。知っているつもりで辞書も引かずにいると、とんでもない落とし穴が待ち受けています。先に「こまめな辞書引きは基礎の基礎」でも述べましたが、辞書を引く手間を惜しんだがために発生するミスです。

　たとえば、He is irritating. を「かれはイライラしている」と訳しては間違いです。この irritating は、他動詞 irritate（人をイライラさせる）という意味を受け継いでいます。だから「あいつは人をイライラさせる」と翻訳するのが正解です。

　さて、形容詞の落とし穴をのぞくには、論より証拠がいちばんだと思います。そこで、難問を一つ。次の（1）と（2）は、どう意味がちがうか、形容詞に着目して、答えてください。

　（1）　Be gentle with her.
　（2）　Be nice to her.

　きっと正解が出せた方もおいででしょう。『小学館ランダムハウス英和大辞典第2版』の gentle の項目にその答えが載っています。以下、引用してみましょう。

　　gentle　手荒に扱って傷つけたりしないように気配りしながら人に接する柔和な態度や振る舞いをいう。女性に対する態度をいう場合には性的な意味を含むことがある: Be gentle with her.（セックスのとき）手荒にしないで。「優しくして」は Be nice to her が無難。

　まったく恐れ入りました。正解された方はまことにすばらしい英語力の持ち主です。脱帽いたします。

　このように形容詞は、意外な表情を見せます。予想だにしない表情をもっている場合があるので、見慣れた形容詞でも安易に処理すると、とんでもない誤訳を招きます。そういう落とし穴にはまらぬよう注意しましょう。それがこの章のテーマです。

例題にチャレンジ

次の文の最初の英文を翻訳してみてください。

> It was an honest mistake. A man in Australia tried to dry his girlfriend's baby in a clothes dryer. The baby survived and the dude got dumped.

× <u>それは正直な間違いだった。</u>あるオーストラリアの男性が、恋人の赤ん坊を衣類乾燥機に入れて乾かそうとした。赤ん坊は助かった。が、この野郎はおはらい箱なった。

●解説● この an honest mistake は「正直な間違い、正直なミス」では意味不明です。honest は「（行為が）悪意はないが見当違いの」という意味です。従って「うっかりミス」というのが正解。

たとえば He got hammered for an honest mistake.（あの男はうっかりミスをして激しく非難された）のように使います。

余談を一つ。例文のような事例は現実にはあり得ないとお考えでしょう。実は、あるのです。

オーストラリアとかアメリカで年に一回ほどこの手の記事が新聞に載ることがあります。猫が雨に濡れたので、乾かしてやろうと思って電子レンジに入れた。するとびっくりした猫が飛び出してきて顔を引っ掻かれた。この電子レンジの扉に欠陥があったからだとして、製造物責任法をたてにメーカーを訴えた、というものです。猫の毛が乾かせるものと信じての飼い主の行為であり、他意はまったくない。こういう人が現実にいるのです。

むかし筆者がオーストラリアで読んだこの記事では、記者がこう茶々を入れていました。空気抜きの穴を作っておかないとパイだって爆発する。それが電子レンジの常識というものだろう。この飼い主は、猫を電子レンジに入れる前に、どうして金串で何箇所か突き刺しておかなかったのか、と。もうこうなると、ブラック・ユーモアですが。

解答 うっかりミスだった。

翻訳実践にチャレンジ

では問題です。上記の例を参考にして、個別に問いがあればそれに従い、各英文を翻訳してみましょう。

1 In the American movie, Elsa is homely and overweight.

解答▶ _____

● 解説 ●　アメリカ英語で homely は「(女性について) 十人並みの」という意味ですが、婉曲的に「醜い、美しくない」を意味します。ところが英国では「(女性や家について) 家庭的な、飾らない、気持ちのいい、愛想のよい、居心地のよい」という意味で使われます。

　これは A rolling stone gathers no moss.（転石苔を生ぜず）の意味が英米で逆転するのと似ています。アメリカでは「常に活動している人は時代に遅れることがない」の意味ですが、英国では「腰を落ち着けて事に当たらない者は大成しない」となります。

解答例▶　そのアメリカ映画では、エルザは不器量で太りすぎている。

2 Bob and Edna speak Broad Australian English.

解答▶ _____

● 解説 ●　オーストラリア英語には Educated English と General English と Broad English がある。1980年代のオーストラリアでそう教わりました。

　今日では少し名称が変わって Cultivated Australian English（高等教育を受けた人が話す豪州英語）、Standard Australian English（普通の人が話す標準的豪州英語）、Broad Australian English（あまり教育のない人が話す訛りの強い豪州英語）に分けられるようです。

　この Broad を「大まかな、広範囲の」と訳したのでは何のことか分かりません。辞書を丹念に読めば Broad に「なまりの強い」という意味があることが分かるはずです。

解答例　ボブとエドナは訛りの強いオーストラリア英語を話す。

3. Are you decent? ◆ 大家さんが店子を訪ねるとか、来客がドアをノックして。

解答　_____

● 解説 ●　「人前に出られる程度に見苦しくない恰好をしていますか」というのが Are you decent? の本来の意味です。辞書にも出ています。

解答例　開けていいですか。

4. 次の英文の翻訳で形容詞に一箇所だけ誤訳があります。その英語1語を指摘し、正しい訳を書いてください。

They were oddly still crowds, crowds that quietly grew larger and larger. There was no talking. Occasionally an old man's treble voice begged for news, and instead of inciting the crowd to babbling it only intensified the hush as they heard the oft-repeated: "Nothing on the wires yet from the North except that there's been fighting."

（Margaret Mitchell, *Gone with the Wind*）

× それは奇妙に静かな群衆であった。しかも群衆の数は、刻々にふえていった。話をする者はいない。ときどき老人が、なにかニュースをきかせてくだされなどと声をふるわせてたずねることがあったが、それは群衆の饒舌をさそうどころか、逆に静寂をふかめ、「戦闘が行われたということ以外、北部戦線からはなんの電報もきてないそうです」という、すでにたびたびくりかえされた返事が、ふたたびくりかえされるにすぎなかった。　　　（O＆T氏訳　K社）

解答　（形容詞1語）_____

　　　（正しい訳語）_____

●解説● この treble は形容詞で「声の調子が高い」という意味です。これを「声をふるわせて」と誤訳した原因は、treble を tremble ないし trembling と取り違えたもの。

　この種の単語の取り違えは、形容詞に限らず、scene と scenery、place と palace、venue と avenue、socks と sacks など数多くあります。早とちりしないように注意しましょう。

解答例▷　（形容詞1語）treble
　　　　（正しい訳語）かん高い（声で尋ねる）

5 次の英文の翻訳に1箇所だけ誤りがあります。その英語1語を指摘し、正しい訳を書いてください。

I have been married for 25 years and have three terrific children.

　　　× 私は結婚して25年になりますが、恐ろしい子供が三人います。

解答▶　（形容詞1語）＿＿＿＿＿＿＿＿＿＿＿＿＿＿＿＿＿＿＿＿＿＿＿

　　　（正しい訳語）＿＿＿＿＿＿＿＿＿＿＿＿＿＿＿＿＿＿＿＿＿＿＿

●解説● たしかに terrific には「恐ろしい」という意味があります。でも、こんにち日常表現、特に会話では terrible の意味で使われることはありません。つまり、この terrific が terrible children の意味で使われることはまずないと考えてよいでしょう。

解答例▷　（英語1語）　terrific
　　　　（正しい訳語）素晴らしい

6 次の英文の翻訳も形容詞に誤訳があります。その英語1語を指摘し、正しい訳を書いてください。

Already the house was full of the acrid smell of clothes boiling in homemade black dye for, in the kitchen, the

4章 形容詞は落とし穴だらけ

sobbing cook was stirring all of Mrs. Meade's dresses in the huge wash pot. (Margaret Mitchell, *Gone with the Wind*)

◆ cook は「クッキー」と呼ばれる料理係の黒人女。

× もう家のなかには、衣服を黒にそめるため、台所で自家製の黒い染め粉を使って衣服を煮たてている酸の臭気が立ちこめている。クッキーが、すすり泣きながら、大きな洗濯だらいに、ミード夫人の服を全部入れてかきまわしているのである。（O＆T氏訳　K社）

解答 （英語1語）_____

（正しい訳）_____

● 解説 ●　形容詞 acrid を acid と取り違えたことで生じた誤訳。単純なケアレスミスですが、よく起こります。何度も見直すことが大事。

解答例 （英語1語）　acrid

（正しい訳）　（臭気が）つんと鼻をつく

7 次の英文で誤訳された英語1語を指摘し、正しい訳を書いてください。

If there was a horse-race, you'd find him flush or you'd find him busted at the end of it . . .

(Mark Twain, "The Notorious Jumping Frog of Calaveras County")

× もしも競馬があるならば、きてみなよ。野郎は、『フラッシュ』で大山を当てるか、どんづまりには、すってんてんになっているかのどっちかよ。（NS氏訳　I社）

解答 （形容詞1語）_____

（正しい訳語）_____

● 解説 ●　全文のおよその意味はこうなります。「競馬があろうものなら、それがはねるときには、やっこさん、はち切れんばかりの大金持になっているか、すってんてんにすっているかのどっちかなんだ。」

49

flush は「《略式》通常、しばらくのあいだ大金を持っている」（OALD 参照）という意味の形容詞で、very rich ということです。トランプのフラッシュとは何の関係もありません。

> 解答例　（英語1語）　　flush
> 　　　　（正しい訳語）（はち切れんばかりの）大金持になっている（か）

8　次の英文を正しく翻訳して下さい。

You're boring, aren't you?

　　×　あなたは退屈なさってますね。

> 解答　_____

● 解説 ●　NHKテレビで有名女優の FD さんが英語で対談し、英語話者の男性に向かっておっしゃったことばがこの英文です。

話の脈絡からすると「あなたは英語での私の話にかなり退屈していらっしゃいますね」と言うつもりで発言されたことばです。そいういう意味なら bored を使うべきでした。そうしたら意図した意味になったはずです。boring は間違い。

この boring だと「あなたは私を退屈させていますよね」という意味にしかなりません。よく似た形容詞でも boring と bored では意味が違ってきます。（以上のことに悪意はなく、有名税としてここで使わせてもらいました。おゆるしを。）形容詞にはこういう落とし穴もあるという一例です。

> 解答例　あなたは人を退屈させるおひとですね。

9　次の英文を翻訳して下さい。

Traveling the 160-kilometer distance is tiring.

> 解答　_____

● 解説 ●　形容詞 tiring が「(人)を疲れさせる」という意味がある点が押

さえられるかどうかがポイントです。

このような形容詞は、その発生源の動詞 tire が「(人)を疲れさせる」という元々の意味を保持し続ける形容詞だ、と理解しておく必要があります。

解答例 百六十キロを旅するのは疲れます。

10 まさか、というような誤訳です。その部分を英語3語で抜き出し、正しい訳を書いてください。

The beach was smooth and firm, and the sand was yellow. I went into a bathing-cabin, undressed, put on my suit, and walked across the smooth sand to the sea. The sand was warm under bare feet. There were quite a few people in the water and on the beach.

(Hemingway, *The Sun Also Rises*)

× 浜はでこぼこがなくてかたく、砂が黄色だ。更衣所にはいって服をぬぎ、水着を着て、なめらかな砂の上を海へ歩く。はだしでふむ砂が暖かい。海の中にも浜辺にも人影は非常にすくない。(T氏訳 I社)

解答 (英語3語) ＿＿＿＿＿＿＿＿＿＿＿＿＿＿＿＿

(正しい訳) ＿＿＿＿＿＿＿＿＿＿＿＿＿＿＿＿

●**解説**● quite a few は a considerable number of (かなりの数の、相当数の、たくさんの) の意味です。quite が単に a few を強めているだけ、と誤解されたのかもしれません。高校生でも知っている成句でありますが、英語がよくできる人でもこういうミスをすることがあるという一例です。形容詞にも、いたるところ、落とし穴があります。注意しましょう。

解答例 (英語3語) quite a few
(正しい訳) (人影は) かなり多い／そうとうに多い。

では最後に、これまで学んだ事柄を次の問題で確認してみましょう。

確認テストにチャレンジ

そこで問題です。上記の例を参考にして、個別に問いがあればそれに従い、各英文を翻訳してみましょう。

❶ Is there <u>some</u> tea left in the pot?

解答▶ _____

❷ 形容詞に留意して下線部を正しく翻訳してください。

My family <u>was rich only in body and soul</u>. In everything else, well, they were pretty poor.

(Jesse Kuhaulua, alias Takamiyama, *The Asahi Evening News* 18／1／79)

△ 私の家族は<u>体と心だけは豊かでした</u>。それ以外は、ま、みんな貧しかったよ。

解答▶ _____

❸ 下線部に注意して全文を翻訳してください。

She says that she <u>is happy</u> with the opportunity to play on the national team.

× 国の代表チームでプレーする機会を持てて幸せです、と彼女は語る。

解答▶ _____

❹ 下線部の形容詞を正しく翻訳してください。

Scarlett stood in her apple-green "second-day" dress in the parlor of Twelve Oaks amid the blaze of hundreds of candles, jostled by the same throng as the night before, and saw the <u>plain</u> little face of Melanie Hamilton glow into beauty as she became Melanie Wilkes.

(Margaret Mitchell, *Gone with the Wind*)

△ スカーレットは、青りんご色の「新婚第二日目」の衣装をきて、無

4章 形容詞は落とし穴だらけ

数のろうそくの光をあびながら、トウェルヴ・オークス屋敷の客間に立っていた。客間は、昨夜とおなじ群衆で、ごったがえしていた。あらためてメラニー・ウィルクスとなったメラニー・ハミルトンの<u>平凡</u>な小さな顔が、美しくかがやくのを彼女は見た。

（Ｏ＆Ｔ氏訳　Ｋ社）

解答

❺ 以下の翻訳の下線部には誤りがあります。正しく翻訳してください。

When they finally get back on the road again, it's starting to get sort of chilly, what with the top being down and all, so Bob lends the girl his jacket. ◆ they = Bob and the girl.

× ようやくまた二人は道路に出て車を走らせるが、だんだんとうすら寒くなりだす。<u>屋根が下ろされているやらなにやらで</u>、そうなる。そのためボブはこの女の子に上着を着せてやる。

（『アメリカ昔ばなし』下線部はＨＫ氏訳　Ｋ社）

解答

「確認テストにチャレンジ」の解答と解説

❶ ポットにまだ紅茶が残っていますよね。

●解説● この some は、Is there any tea left in the pot? のように any が使われるのが普通です。any を使うこの文は、「ポットに紅茶が残っているか否か」を聞くもので、残っているかどうか全然わからずに尋ねるときにこういう表現をします。

これに対し、設問❶のように some を使うのは、「肯定的返事を期待して質問する場合 (in questions that expect a positive reply)」(OALD) です。Yes という返事を見越しての発問です。たとえば相手に Would you like some coffee? と言えば、肯定的返事を期待している気持、あるいは、コーヒーをすすめる気持が伝わります。

むかしは、疑問文で some を使ったこのような英文を選択したら、ある県では高校入試で不正解とされた信じがたい時代がありました。今となっては笑い話ですが。

❷ 体と心にだけは恵まれていました。

●解説● ここでは rich と poor が対照的に用いられていますので、rich は「豊かな、富んでいる」でよさそうです。が、よくない。

この rich は Oita is rich in nature. (大分は自然に恵まれている) と言うときの rich と同じですから、ここも「恵まれていました」とした方がいい。辞書にも出ていますから、ほとんど正解が出せたことでしょう。

❸ 彼女によれば、国を代表するチームで出場する機会に恵まれ、満足しています、という話である。

●解説● この be happy with〜は be happy about〜と同じです。happy は「何事かが申し分なく当を得ていて満足している (satisfied that something is good or right)」(OALD) という意味です。でも、もし「満足している」のなら「うれしい」わけで、「うれしい」のなら「幸せである」はずだ、と決めつけてしまうのは屁理屈。

なぜなら、この場合の happy は「何らかの物事が首尾よく運び、一定の決着をみるに至ったその状況ないし取り決めに満足している」という意味だからです。もう一つ例をあげれば、I'm happy enough with her per-formance.（私は彼女の仕事ぶりにじゅうぶん満足している）というふうに使われます。

❹ 不器量な

●解説● この plain は、女性の描写に使われると、「美しくない、全く美しくない（not beautiful、not at all beautiful）」の意味になります。

要するに、「不器量な」という意味のことばです。アメリカ英語では「ugly、homely、plain の順に遠回しになる」（『ジーニアス英和辞典第4版』）とされる婉曲的表現です。もちろん否定的な表現です。逆は pretty、hand-some、beautiful、fair などの表現になります。その両方の中間なら、ordinary（平凡な、十人並みの、ありふれた）ということばが考えられます。

❺ オープンカーの屋根が故障のため幌なしであるやら何やらで、

●解説● この形容詞 down は「故障している」という意味。『コウビルド英英辞典』は「欠陥があるために一時的に使用できない（temporarily not working because of a fault）」と定義しています。

ここでは幌屋根を閉めたいのに、何らかの欠陥で装置が作動せず屋根が閉められない。それで、寒いだろうとボブは女の子に自分の上着をきせてやる、という文脈です。

日本語でも「コンピュータ・システムがダウンしている」などと言いますが、そのダウンと同じで、「故障して動かない」という形容詞 down の意味です。この種の意味に翻訳していれば合格です。

いかがでしたか。形容詞といっても成り立ちや形態はさまざまです。意味が難しそうな形容詞よりは、誰もが知っていそうな簡単な形容詞に翻訳の落とし穴がある、と感得なさったのではないでしょうか。

時には必要、補充訳

5章

本章のテーマ

英文を翻訳してどこも間違いはないのだけれど意味がしっくり通らないという場合があります。そういうときは原文にないことばを補ってやります。そうすると訳文が分かり易くなります。ことばを補充するので、これを補充訳といいます。

例を一つ示します。

> **Ryanair is taking more flak for its claim that it can get people from London to Brussels faster and cheaper than the Eurostar.**（Roger Collis, IHT 7／9／07）◆ flak: 激しい非難。

△ ライアンエアは、ロンドンからブリュッセルまでユーロスターよりも速くて安い料金でお客を運ぶことができるという宣伝文句を打ち出したことで激しい非難を浴びている。

○ <u>アイルランドの格安航空会社</u>ライアンエアの宣伝文句が激しい非難を浴びている。そのうたい文句によれば、<u>ロンドンとブリュッセルを結ぶ高速鉄道の</u>ユーロスターよりも速く、安い料金でロンドンからブリュッセルまでお客を運ぶという。

読み比べると△印のほうの翻訳が分かりにくいのはなぜでしょうか。ライアンエアとかユーロスターが意味不明だからです。旅行業者や情報通なら別でしょうが、ふつうの人間には馴染みがなくて、理解できません。

こういう馴染みのない名称にはよく割注が付されます。たとえば「ウォンバット（豪州固有の穴居性の有袋類で、大きさは中型の犬ほどもある豪州のモグラ）」などと文中に説明を挟むのです。学術研究論文ならこれでいいのかもしれません。

でも、一般向けの翻訳では読みづらくて仕方がない。ですから脚注や訳注や割注が必要なときは、本文中に割注の内容を組み込んでしまいます。原文の

「ライアンエア」だけでは何のことか分からないので、補足説明を入れて「アイルランドの格安航空会社ライアンエア」と訳します。

　このように、原文にないことばを少し補充することによって、原文の意味内容が明確に伝わり、文章効果も高まります。そういう「補充訳」が本章のテーマです。

例題にチャレンジ

　この要領で次の文の英文を翻訳してみましょう。

> It's simply supply and demand. The products exist because people continue to buy them, not the other way around.

◆ 巷に俗悪下品な言葉が印刷されたTシャツが氾濫するのはなぜかという問いへの答え。

　△　それは単に需要と供給です。そういう製品が存在するのは、買い続ける人がいるからです。その逆だからではありません。

　解答　単に需要と供給の関係の問題です。そういう製品が存在するのは買い続ける人がいるからです。製品が存在するから人が買い続けるのではありません。

● 解説 ●　△で訳は「その逆だからではありません」となっています。字面どおりの訳ですが、何が何の逆ではないのかとはたと考え、読みが停止します。

　ところが解答の翻訳は、問題の部分に書かれていないことばを補充することで原文の意味内容を分かりやすく伝えています。

　最初の「需要と供給です」という部分も「需要と供給の関係の問題です」とことばを補充したために、すっきりと意味がとおります。

　このように原文の字面にはなくても、字面の奥に包有された意味がある場合は、その内包された意味を訳文に補充してやる。これも翻訳技術の一つです。

翻訳実践にチャレンジ

では問題です。上記の例を参考にして、個別に問いがあればそれに従い、各英文の翻訳に挑戦してみましょう。

1 次の英文を翻訳した文章で（　　）内の部分が要領を得ません。補充訳を試みてください。

I certainly live life knowing that death is a possibility — in fact, it creates an energy in me to live life to the fullest.

> △　私は確かに人生を生きている。（死は可能性である）ことを知っているからだ。それどころか、そうと知っているからこそ、私の中に今を精一杯生きようという活力が生まれてくる。

解答　_____

●解説●　英文の執筆者は余命いくばくもないかもしれない。恐らく、そのことを医者から聞いて、迫り来る死を泰然と迎える覚悟をしているのかもしれません。死の迫り来る可能性の高さを知っているからこそ、この世の生きとし生けるものと、自分の生そのものがいとおしく、輝いて見える。だからこそ今を最大限に生きようという活力が生まれるのだと思います。

　この the possibility of death は、そういう死ぬ可能性の高さを見越していることを意味しています。だから「死は可能性である」という能天気な字面どおりの訳では真意が伝わりません。死をもっと重大に受け止めている意を酌んで補充訳を作ります。

解答例▷　死ぬ可能性が高い／死んでしまう可能性の方が高い

2 以下の翻訳は間違いではありませんが、舌足らずです。補充訳を試みてください。

They are fast runners. I won't give up. I will overtake them. It might be demanding.

◆ マラソン走者の心中を表したことばだと考えて下さい。

△ 足の速い連中だ。おれはあきらめないぞ。追い抜いてやる。きつかろうとも。

解答

● **解説** ● これは今フル・マラソンを走っている人の独白だと考えてみてください。そうすれば、もっと臨場感のある翻訳ができあがるはずです。

英文を忠実に訳したら上記の△のようになります。でも、解答例に示した補充訳にすると独白は一段と臨場感が出ます。決意のほどが伝わってきます。

原文の核をなす真意を伝えるには、補助として機能することばで肉付けすると、読む人に内容が分かりやすく伝わります。

解答例 ほんとに足の速い連中だな。だがおれはあきらめないぞ。きっと追い抜いてやる。たとえどんなにきつかろうとも。

3 次の英文の翻訳の下線部は補充訳です。（ ）の部分に少し日本語を補充してください。

My husband and I have been together almost four years and have a very strong bond with my side of the family.

（翻訳）夫と私は一緒になってもうすぐ四年になろうかというところですが、（　　　）とても強い心の絆で私の実家の両親と結ばれています。

解答

● **解説** ● 翻訳で下線を施した部分は補充訳と呼べるものです。なくても大体の意味はとれますが、ことばを付け足すといっそう分かりやすい訳文となります。

解答例 依然として／今なお

4 次の訳文の下線部はいずれも補充訳です。では（　）内にはどういうことばを補充したらよいか、答えてください。

My husband and I have some really annoying neighbors, John and Alice. They moved in two years ago.
Alice is tolerable, but we don't like John at all. He is really creepy. He stares at me and doesn't talk.

(Annie's Mailbox, IHT 1／8／07)

（翻訳）　私たち夫婦にはほんとにすごくいやな隣人がいます。ジョンとアリスというんですけど、二年前に引っ越してきました。
アリスはまあまあですが、私たちは、ちっともジョンが好きになれません。（　　　　　　）ジョンはほんとにいやな感じがするんです。別の言い方をすればジョンは無遠慮に私をじろじろ見つめるだけで口もきかないんですから。

解答

●解説●　He is really creepy. の前には理由を表す because や for などの接続詞が用いられるのが普通です。でも、この英文のように、欠落している場合も多くあります。
その理由は、英語では日本語よりも文と文の結び付きが強いからです。翻訳する場合は「というのは」と補ってやります。もっと正しくは「というのはジョンはほんとにいやな感じがするからです」とする方がより好ましいでしょう。
さらに He is really creepy. の直後には in other words という句が省略されていますので、それを翻訳に補充します。
最初に大まかなことを述べ、そのあと、より具体的な内容説明を行う、というのが英語の文章の一つの型なのです。その二つの文をつなぐことばが、「別の言い方をすれば」という語句です。でも、日本語と違って、英語の場合は文と文の結び付きが強いので省かれてもあまり違和感がないのです。英語国人（英語を母国語とする人 native speakers of English のこと）は省かれていることばを頭の中でちゃんと補って英文を読んでいます。だから、

翻訳ではそれを補充してやる方が訳文は格段に読みやすくなります。

解答例＞　というのは／なぜなら／だって

5　下線を付した部分は補充訳です。（　）内にふさわしいことばを補って下さい。

Children have a tendency to live up—or down—to what others think of them.　Parents who label their children do particular damage.　　　　　　　　　　（IHT 30／7／07）

（翻訳）子供は自分が人から受ける評価に恥じない行動をとる傾向にあります。逆に評価が低いと行動もそうなります。（　　）、両親が子供に否定的レッテルをはるのは、たいへん悪影響を及ぼす可能性があります。

解答＞＿＿＿＿＿＿＿＿＿＿＿＿＿＿＿＿＿＿＿＿＿＿＿＿＿＿＿＿＿

●解説●　二つの文から成る英文ですが、前の文が後の文の理由になっています。したがって普通なら文と文の間に therefore（それ故に）という言葉があってもいいはずです。

　もちろん英語国人は省略があっても瞬時に頭の中で therefore を補って読み進んでいるのです。だから翻訳では「それ故に、だから」ということばを補充した方がいっそう分かりやすくなります。

解答例＞　だから

6　訳文の（　）内に最も適切な日本語を補充してよりよい翻訳にしてください。

There were an Englishman, an Irishman and a Scotsman in the middle of the desert.　Their jeep had broken down, and they realised that in order to survive in the heat, they had to start walking to the next oasis.

（翻訳）イギリス人とアイルランド人とスコットランド人が砂漠の真ん中にいました。（　　　　　）ジープが動かなくなってしまったの

です。それでみんなはこの灼熱の中で生きながらえるには次の
オアシスまで歩き始めるしかないと悟りました。

解答　_____

● 解説 ●　第一と第二の文の間には理由を表す接続詞（because や for）
が省かれていると考えられます。ですから訳文に「というのは～だからです。」
とことばを補うと読みやすい文章になります。

　また Their jeep の代名詞「彼らの (their)」を落とす翻訳のコツはすでに
述べたとおり（代名詞は訳文からできる限り消去することについては別の章
で詳述）ですが、代名詞を落とした代わりに、「乗っていた」を補充したら
もっと読みやすくなります。

解答例　（<u>というのは乗っていた</u>）ジープが<u>動</u>かなくなってしまったのです。

7　英文中の [ ] 内に適切な英語1語を入れ、翻訳の（　）内に訳文を補充してくだ
さい。

**Alcoholic drinks are your enemy. But you must drink [　]
the Bible says, "Love your enemy."**

　　　（翻訳）酒は人類の敵である。しかし諸君は飲まねばならぬ。（　　　　　）
　　　　　　聖書に書いてある、「汝の敵を愛せよ」と。

解答　（英語1語）_____

　　　（訳文）_____

● 解説 ●　飲んべえの三段論法（syllogism）ですが、『マタイ伝』
（Matthew 5:44）の一節に依拠した文章です。ここでは、三段論法が成立
するのに不可欠の、根拠や理由を表す接続詞 because や for が you must
drink と the Bible says との間に入ります。

解答例　（英語1語）　because または for
　　　（訳文）　　　なぜなら

8 訳文の（ ）内に適切なことばを補充してください。

Houses so constructed and furnished require but little skill to erect them.　Every man is a sufficient architect for the purpose.　The whole neighbourhood afford their unanimous assistance in building them, and in return receive, and expect no other recompense than a feast.

（Gustavus Vassa, *The Life of Gustavus Vassa*）

　　（翻訳）そういう造りとそういう調度をほどこした家なので建てるのに技術はまったく要りません。（　　　　）男は誰だっていっぱしの建築士で、家なら立派に建てられるのです。近所が一斉に総出で家造りを手伝ってくれます。その返礼として大宴会がひらかれ接待されるわけですが、この接待以外に何か報酬を期待している者などありません。

解答　_____

● 解説 ●　第一と第二の文の間に therefore はありません。でも英語国人はそれを頭の中で補って読んでいるわけですから、翻訳するときに補充訳として「それゆえに」などのことばを入れると分かりやすい訳文になります。

解答例　だから／ですから／それゆえに

9 翻訳部分の（ ）内に適切な日本語を補充してください。

My husband smells like a walking tavern.　He drinks 12 to 15 beers every day, from lunchtime until he goes to bed, and reeks of beer all the time.　（Annie's Mailbox, IHT 9／5／07）

　　（翻訳）夫は動く居酒屋の匂いがします。（　　）毎日ビール12ないし15缶をお昼時から寝るまで飲みますので四六時中ビールの臭いがします。

解答　_____

●解説● 第一文の理由が第二文で述べられています。したがって「というのは」「なぜなら」といった接続詞（**because** や **for**）が当然ここにあるべきです。英文では省かれていますが、訳ではそれを出す、というわけです。

解答例＞ というのは／なぜなら／だって

10 次の翻訳はこのままでも読めますが、（　）内に英文にはない言葉を補充してやるといっそう分かりやすくなります。そのことばを書き出してください。

Four of China's top universities now hire almost exclusively from among Chinese with foreign Ph.D.s: Russian universities refuse to recognize foreign credentials.
（Harley Balzer, Professor at Georgetown University, IHT 25／9／07）

（翻訳）中国で最も優秀な上位四大学は現在ほぼ例外なく外国取得の博士号を持った中国人の中から（　）採用している。一方、ロシアの大学の場合は外国で取得した資格はどうしても認めようとしない。

解答 ＿＿＿＿＿＿＿＿＿＿＿＿＿＿＿＿＿＿＿＿＿＿＿＿＿＿＿＿＿＿＿＿＿＿

●解説●　「外国の博士号（foreign Ph.D.s）」を「外国<u>取得</u>の博士号」としたり、「外国の資格（foreign credentials）」を「外国<u>で取得した</u>資格」としたのも補充訳です。
　この英文は中国とロシアの大学における人材の登用方法の違いに焦点を当てています。それゆえに、（　）内はズバリ「人材を」と補って訳文をつくるといっそう分かりやすくなります。補充訳によって文章が輝きを増すわけです。

解答例＞ 人材を／人を

では最後に、これまで学んだ事柄を次の問題で確認してみましょう。

確認テストにチャレンジ

今までの練習を参考にして、個別に問いがあればそれに従い、各英文の翻訳に取り組んでみましょう。

❶ It's nothing but walking. It's so tiring. I have blisters and my calf muscles ache.

△ ただひたすら歩くだけなんです。とても疲れます。マメができ、ふくらはぎの筋肉が痛くて痛くて。

解答 ▶ _____

❷ She gave birth to twins two months early, in May 2005.
(Deborah Sontag, IHT 21／1／08)

△ 彼女は、2005年5月、二ヵ月早く、双子を産んだ。

解答 ▶ _____

❸ The book by Mark Edmundson wouldn't have surprised Freud. He elucidates Freud's theories about our murkier recesses so passionately. （Ed Siegel の書評文 IHT 7／11／07改）

解答 ▶ _____

❹ The book is quite interesting. I just couldn't put it down. It's a real page-turner.

△ この本はとても面白いんだ。読むのをやめられなかった。ほんとに息もつけないほど面白い本なんだ。

解答 ▶ _____

❺ During certification, the wings of a 777 are bent upward 24 feet, the flexibility required to pull out of an emergency dive.　　　　　　　　　　　　　（George Bibel, IHT 6／2／08）

　　△　保証期間中は、777の翼は上方向に24フィート曲がり、緊急降下をしても機を立て直すのに必要なだけの柔軟性がもたせてあります。

解答　_____

「確認テストにチャレンジ」の解答と解説

❶ ただひたすら歩くだけなんです。<u>だから</u>、とても疲れます。マメができてしまって、おまけに、ふくらはぎの筋肉が痛くて痛くて。

●解説● 第一と第二の文の間には、理由を示す and や so や therefore などのつなぎのことばが隠れています。英語国人は、それはお見通しなので、難なく読みすすむわけですが、日本人にはそうはいかない。

したがって、そこに隠れていることばを訳文に補充して翻訳します。これも、翻訳の技法の一つです。

❷ 彼女は、2005 年 5 月、<u>予定日より二ヵ月早く</u>、双子を産んだ。

●解説● この two months early は「<u>出産予定日よりも二ヵ月早く</u>」という意味であることは、一読してお分かりだと思います。だからといって、そこまで長々しく補充する必要はないでしょう。「<u>予定日より二ヵ月早く</u>」とやってしまいます。

原文もいたって簡潔明瞭ですから、私たちの訳文も、そっけないほど簡明なことばの補充に留めます。

❸ このマーク・エドマンドソンの書物にはフロイトだって驚かなかったことだろう。<u>なぜなら</u>、理解しにくい心の奥に関するフロイト理論をじつに情熱的に解明している<u>からだ</u>。

●解説● 第一と第二の文の間には、理由を示す because（なぜなら）などのことばが省略されています。英語国人はそれを当然あるものとして読みすすんで行きます。

ところが、私たちは文化も言語もちがいますから、この英文を見て、文字として書かれていない because に気づくとはかぎりません。ですから、翻訳をする場合は、読者のためにそれを掘り起こして訳文に示してやる必要があります。

ですから、あえて、「なぜなら〜だからだ」ということばを補充し、理解の助けとするのです。

④ この本はとても面白いんだ。だから、読むのをやめられなかった。だって、ほんとに息もつけないほど面白い本なんだ。

　●解説●　最初の二つの文をつなぐことばは、therefore（それゆえに）とか that is why（そういうわけで）などです。後ろの二文をつなぐことばは、because（なぜなら）とか in fact（実際、その証拠に）といった言い回しです。いずれも明示されていませんが、しっかり存在しています。

　それを掘り起こして、きちんと訳文に補充してやるのがポイントです。

⑤ 耐用年数保証期間中は、ボーイング777型機の翼は上方向に24フィート曲がり、緊急降下をしても機を立て直すのに必要なだけの柔軟性がもたせてあります。

　●解説●　飛行機に詳しい人は別でしょうが「777の翼」と言っても何のことか分かりません。ジャンボ機のことだと分かってもらえるような訳を補うことがここのポイントです。したがって、「ボーイング777型機の翼」とことばを補充します。

　それにもう一つ、certification が難しい。これは補充訳というよりむしろ、辞書に出ていないことばですので、内容を把握した上で自分で訳語を作るしか手がありません（これについては、別の章で詳述します）。

　ここでは、「ボーイング777型機の翼」ができていれば合格とします。

翻訳は原文どおりに頭から

6章

本章のテーマ

英文の翻訳は書かれているとおりに頭から順を追って翻訳すること。これが原則です。同時通訳の手法とよく似ています。

思考の発露としての文章やことばは、思考の流れに沿って流れ出るものです。文の流れで上流と下流を行きつ戻りしては、話の流れが論理的でなくなり、辻褄が合わなくなります。もちろん訳すのも大変です。

たとえば、Monjiro Kogarashi started chewing on a toothpick when he stopped smoking over 10 years ago. という文章があります。英文和訳をすると「木枯紋次郎は優に十年前にタバコをやめたとき爪楊枝を噛み始めた」と訳せます。これは、主語を訳したあと when 以下に飛び、再び started に戻ってくるやり方をしています。行きつ戻りつして、めまぐるしく飛び回らなければならない。とても大変です。

でも頭から訳すと「木枯紋次郎が爪楊枝を噛み始めたのは、タバコをやめた十年以上も前のことだった」と翻訳できます。これだと行ったり来たりの訳を繰り返す必要がありません。逆行することなく順行で翻訳できます。

じっさい英語国人は、逆行することなく、順行という形でことばを紡ぎ出しています。だからその思考の流れに乗って頭から順に翻訳するほうが自然の理にかなっています。

つまり、英文は書かれた文章どおりにあたまから順に翻訳しよう、というのが本章のテーマです。

例題にチャレンジ

先ず、次の英文を翻訳してみましょう。

It is a good cat that catches mice regardless of whether it is a black cat or a white cat.

　　△　黒猫であろうと白猫であろうと、ネズミを捕まえるのは良い猫である。

●解説● 原文の流れを追った翻訳は、解答に軍配が上がります。英文和訳としては△も何ら問題はありませんが、本章のおきてを守っていないところに問題があります。

例題の文章は「強調構文」といわれるものです。その見分け方は、It is と that を外して前から読みくだし、意味が通じれば、それは強調構文。その訳し方は、先ず that 以下から訳して It is に続く語句を訳せ、と教わったと思います。

ところがここでは、強調構文といえども頭から順を追って翻訳できることがおわかりいただけると思います。

この例題をあえて出したのは、ひとえに、英文の翻訳はすべて頭から語順どおりに訳すという原則を示すためです。

以上で解説は終わり。これから述べることは、知識として心得ておいてください。実は、この文章には、「黒い猫も白い猫もネズミを捕る猫は良い猫だ」という定訳があります。こういう定まった訳がすでにある場合は、その定訳に従うのが定石です。

解答▶ 良い猫こそがネズミを捕る。毛の白黒は問題じゃない。

翻訳実践にチャレンジ

では問題です。上記の例を参考にして、個別に問いがあればそれに従い、各英文の翻訳に挑戦してみましょう。

1 I can't remember what I went into the kitchen to get.

△ 何を取りに台所に行ったのか思い出せない。

解答▶ _____

●解説● 先頭に I can't remember というまとまりのある英文（chunk）がありますので、先ずこれを最初に翻訳してから次に進みます。

解答例▶ 思い出せないな、何を取りに台所に行ったんだっけ。

6章 翻訳は原文どおりに頭から

2 Lisa is depressed, not least because she lost her mother last week.

△ 特に先週母を亡くしたことが原因で、リサは気がめいっている。

解答 _____

●解説● これも because 以下から先に訳すのではなく、頭から訳すというおきてを順守します。not least は「特に (especially)」の意。

解答例〉 リサは気がめいっているが、先週、母を亡くしたことが特に大きな原因だ。

3 You have but to wait for a few minutes to get your box lunch.   ◆ have but to = have only to.

△ あなたは自分の弁当を手に入れるためには数分待ちさえすればよいのです。

解答 _____

●解説● この to get your box lunch は、最後に訳すのがポイントです。

解答例〉 数分待ちさえすれば、弁当がもらえます。

4 We were all having dinner when there was a knock at the door.

△ ドアにノックがあったときに私たちはみな夕食を食べていた。

解答 _____

●解説● この when は主節と従節の蝶番（ちょうつがい）の役割をしています。こういう when も、「～していたが、このとき……だった」という感覚で頭から順に翻訳することができます。

解答例〉 私たちがみな夕食を食べていたとき、玄関をノックする音がした。

5 It goes without saying that murder is the gravest of all crimes.

△ 殺人はすべての罪の中で最も重い罪であることは言うまでもない。

解答 _____

●解説● まず that 節を訳したのち次に前に戻る、という方式は採りません。これは比較的に簡単に処理できたのではないでしょうか。

解答例〉 言うまでもないことだが、殺人は罪の中で最も重い罪である。

6 My husband and I have been married for about 23 years and have four children.　　　　　　　(IHT 17／9／07)

解答 _____

●解説● これも簡単に処理できたでしょう。たとえば、I have lived here for six years. なら、「ここに住んで六年になります。」のように翻訳すればいいわけです。

解答例〉 夫と私は結婚してかれこれ二十三年になり、子供が四人います。

7 Our company is doing this so that we will not lose existing customers.

△ わが社は現在の得意客を失わないようにこんなことをしているのだ。

解答 _____

●解説● 目的を表す so that 節をうまく処理して頭から順を追って訳す技法を使うのがポイントです。

解答例〉 わが社はこんなことをしている。既存の得意客を失わないようにという気持（／もくろみ）からだ。

8 Bob is as tall as any student in his class.
　　△　ボブはクラスのほかのどの生徒よりも背が高い。

解答＞ ＿＿＿＿＿＿＿＿＿＿＿＿＿＿＿＿＿＿＿＿＿＿＿＿＿＿＿＿＿

●解説●　**Bob is tall** という成句が文の前半にあります。これを最初に訳して、次に後半を訳すというやり方をします。

解答例＞　ボブの身長は、クラスの誰にも負けない／クラスの誰よりも高い。

9 Bush is as old as my father.
　　△　ブッシュは私の父と同じくらい年を取っています。

解答＞ ＿＿＿＿＿＿＿＿＿＿＿＿＿＿＿＿＿＿＿＿＿＿＿＿＿＿＿＿＿

●解説●　これも **Bush is old** という成句が文頭にきていますので、これを先ず訳して **my father** の訳に移っていくという手法をとります。

解答例＞　ブッシュの年齢は、私の父と変わらない。

10 次の英文の二番目の文を頭から順に翻訳してください。

For religious reasons, my husband and I waited until we were married to have sex.　I'm now convinced my husband is gay and used our marriage as a facade and to have children.　　（Annie's Mailbox, IHT 31／3-1／4／07）
　　　　　　　　　◆ facade: 隠れ蓑（「偽りの見せかけ」の意）。

解答＞ ＿＿＿＿＿＿＿＿＿＿＿＿＿＿＿＿＿＿＿＿＿＿＿＿＿＿＿＿＿

●解説●　思ったより翻訳がうまくいったのではないでしょうか。日本語を駆使すれば、英文を頭から順に訳していく作業は、思いのほか出来るものだなと感じていただけたら大成功です。

> **解答例** 今となって確信できますが、夫はホモで、私との結婚をその隠れ蓑とし、子供までもうけたのです。

　以上、いかがだったでしょうか。語順どおりに訳すというのは、発話や意味のかたまり（chunk）を頭から順に翻訳して行く作業でもあります。英語と日本語は本質的に水と油のように違います。こんな英語を語順どおりに日本語にするのは不可能とおもえるかもしれません。しかし、そういう場合でも、実際やってみると、意外に簡単に行くものです。

　ようするに、翻訳は語順どおりに頭から、と正順で訳すよう日ごろ心掛けるだけでも、やがて大きな違いが生まれます。進歩がみられるのです。ぜひ試してみてください。

　では最後に、これまで学んだ事柄を次の問題で確認してみましょう。

確認テストにチャレンジ

今までの練習を参考にして、個別に問いがあればそれに従い、各英文の翻訳に取り組んでみましょう。

❶ There are 10 days to go before the Olympics in China.
(BBC 29／7／08)

△ 中国でのオリンピックまであと十日です。

解答

❷ You've learned a tough lesson, so use it by not repeating your mistake. (Annie's Mailbox, IHT 3-4／12／05)

解答

❸ Water ballast is jettisoned from the gondola after gasoline has been pumped in. (IHT 21-22／10／06)

◆ jettison: 捨てる、船外投棄する。

解答

❹ The festival cost $21 as an entrance fee, along with food and a parking fee, not to mention gas.
(Annie's Mailbox, IHT 29-30／10／05)

△ お祭りは、ガソリン代は言うまでもなく、食費、駐車料金に加えて、入場料として21ドルかかりました。

解答

❺ I dearly loved to go to the church, it was so solemn. I never knew rightly that I had much sin till I went there.
(*The History of Mary Prince, a West Indian Slave*)

解答

「確認テストにチャレンジ」の解答と解説

❶ あと十日で北京オリンピックです。

●解説● まず There are 10 days to go が the Olympics in China の前にありますから、同時通訳のように、前から順序どおりに翻訳します。すると、「あと十日で、あと十日後は、あと十日したら」などと訳して、あとの訳を続けます。

ここで「北京オリンピック」としたのは、「東京オリンピック」や「シドニー・オリンピック」のような通称に従ったものです。字義どおり「中国でのオリンピック」と訳しても誤訳ではありません。でも、今一つしっくり行かないので、よく使われている呼称に従った方がいいでしょう。

❷ あなたはつらい嫌な経験をして学んだわけです。だからこれを薬にして二度と過ちを繰り返さないようにしなさい。

●解説● この文は等位接続詞の so で前半と後半がつながっています。前半は、You've learned a lesson from your unpleasant experience.（不愉快な実際経験をして教訓を学んだ）というほどの意味。ここまでは何とかなります。むずかしいのは後半です。

後半は、use it と not repeating your mistake がメッセージになってます。この二つの間にある by は、use it（= use your tough lesson）という命令を実行する方法を示しています。

よって、「あなたは嫌な実際経験から教訓を学んできました」→「だから」→「それを活用しなさい」→「過ちをまた繰り返さないことによって」という流れとなります。あとはこれを分かりやすい日本語になおせばいいだけのことです。これは国語力の問題です（これについては別の章で詳しく述べます）。この点にかけて私たちは、英語国人の日本語学習者より一日の長があります。国語力に物を言わせて、平明達意の翻訳に努めればいいでしょう。

6章 翻訳は原文どおりに頭から

❸ 水バラストが平底船から船外投棄されるに先立って、ガソリンがポンプで注入される。

●解説● これは従属接続詞 after で文二つがつながっています。かまわず、前から順に翻訳します。ここでは after をどう処理するかが問題です。

順を追って訳すには、前の文の意味内容に続けて「〜の前に」とか「〜に先立ち」などと処理すれば、語順どおりの翻訳が可能です。なぜそうするかというと、英語話者の思考の流れに基づいて英語が生み出されているからです。翻訳では、その論理的な発話や文章の流れも重視する必要があります。

❹ お祭りにかかった費用は、21ドルの入場料のほか、食費、駐車料金が必要で、そこまで行くガソリン代もかかったことは言うまでもありません。

●解説● ここでのテーマは語順どおりに訳せということですから、このような翻訳になります。まず動詞 cost を「かかった費用は」のように名詞に転換すること（こういう品詞転換訳は別の章で詳述）で処理し、$21 as an entrance fee, along with を「21ドルの入場料のほか」と訳します。語順どおりですし、この「〜のほか」という表現も along with を辞書で引けば「〜に加えて、〜のほか」という訳語が見えますので、うまく活用できます。

蛇足ながら、gas を「そこまで行くガソリン代」としたのは、すでに学習した「補充訳」で、分かりやすくするために挿入したものです。

❺ ほんとに大好きでその教会に通いました。とてもおごそかだったから。これまできちんと知らなかったけど、自分が罪深い人間だって分かったのは、そこに通うようになってからのことです。

●解説● ここで go to church ではなく go to the church となっているのは「特定の決まった教会」を指しているからです。そうでない日常茶飯事の一般的な行為については go to school（学校に行く）、have lunch（昼食をとる）、go to church（教会に行く）など、the が付かないのが普通です。

国語力への志は高く

7章

本章のテーマ

ここで一つ国語力を試してみましょう。

「巨人軍は永遠に不滅です。」これは、元巨人の長嶋茂雄選手が引退時に言ったという人口に膾炙していることばです。どこかおかしくはありませんか。おかしくないという人は少し国語力に不安があります。おかしいのは「永遠に」という部分です。「巨人軍は永久に不滅です。」と言うべきでした。

なぜかといいますと、「永遠」とは「未来に至るまで、時間を超越して、無限に続くこと」を意味するからです。そういう「永遠の存在」は神しか考えられません。野球チームに永遠の存在はありえません。だから「永遠に不滅です」という表現は、国語的に言っておかしいわけです。

これには後日談があります。じつは新聞記者がことばを取り違えていたというのです。当時の記録フィルムを見ると、確かに長嶋さんは「巨人軍は永久に不滅です」と言っておられる。誤っていたのは、記者の言語感覚でした。

翻訳においてはこのようなミスをしない確固たる国語能力を養う必要があります。この能力にかけては、英語国人の追随をゆるさないだけの素養が私たちにはあるはずです。多読と文を書く修業を怠らなければ、作家に肉薄するまでの国語能力に達することも夢ではないでしょう。

もちろん、英語を書いたり話したりすることでは英語国人に容易に太刀打ちできないかもしれません。でも勉強次第では、日本人でも英語国人の高卒レベルに到達することはできる、と言われています。その一方で、英語力の次には、国語力が必要です。英語の理解ができたら、次は国語力の勝負です。翻訳能力は国語力次第ということになります。

そういう翻訳に必要な国語力を伸ばすために、志を高くもち、国語力は作家の高みを狙おうではありませんか。それが本章のテーマです。

例題にチャレンジ

「拝復」で始めた手紙の末尾に添えることばは次のうちどれか答えてください。

　　草々　敬具　不尽　不一　頓首

　●解説●　「敬具」が正解です。頭語と結語の呼応関係はこうなります。前略に草々、冠省（かんしょう）に不尽、拝復に敬具、粛啓に頓首となります。（因みに「粛啓（しゅくけい）」は「拝啓」の丁寧語です。）

　ただし頭語と結語のペアは今述べた組み合わせ一通りだけとは限りません。ここに出てくる頭語と結語の組み合わせを三種類以上知っていればかなり国語力があると認定していいでしょう。

解答▶　敬具

国語力実践にチャレンジ

では問題です。上記の例を参考にして、個別に問いがあればそれに従い、各設問に答えてください。

1　目上の人に宛てて手紙の宛名を書こうとしています。次のさまざまな「様（さま）」や「さん」を尊敬度の高い順に並べてください。

　　　樣　さん　様　さま　様

解答▶

　●解説●　漢字の右側つまり旁（つくり）部分の一部が少しずつ違っています。偉い順に永様（えいさま）、次様（じさま）、水様（みずさま）と呼び、平仮名の「さん」はいちばん尊敬度が低い用法となります。よって目上の人への宛名に「さま」や「さん」の表記は不適。

　こうした違いを知っていれば Dear～という英語表現を尊敬度に応じて翻訳するのには便利でしょう。

解答例▶　樣　様　様　さま　さん

2 次の表現に誤りがある場合は正しい言い方に直してください。
   社長、御苦労様でした。

   解答

   ● 解説 ●　「御苦労様」は目下の労をねぎらうことばですから、社長に対しては不適切です。「お疲れ様」は目上にも目下にも使えます。

   解答例　社長、お疲れ様でした。

3 それぞれの言い回しが正しければ○を、不適切なら×を（　）内に記入してください。

   a.　この車の乗りごこちをぜひともお試しください。
   b.　社長、こちらでお待ちしてください。
   c.　佐藤さんがお話されたように、この辞書は役に立ちます。
   d.　お客様はお帰りになられました。
   e.　あの方は一昨年東京からこちらに参りまして、当大学で教えていらっしゃいます。
   f.　お客様が申されました。
   g.　案内所でお伺いしてください。
   h.　とんでもございません。
   i.　田中さんは、どちらにおられますか。
   j.　工藤さん、おりましたら受け付けまでおいでください。
   k.　スイカは冷やしたほうがおいしくいただけます。
   l.　私どもの社長さんが昨日お宅の会社にいらっしゃったとおっしゃっておられました。◆ 社外の人に向けて。
   m.　来週母が参りますが、お目に掛かっていただけませんか。
   n.　言葉づかいに着目なさってお読みになられてみて下さい。
   o.　まもなく先生がお見えです。

解答　a.(　)　b.(　)　c.(　)　d.(　)　e.(　)
　　　f.(　)　g.(　)　h.(　)　i.(　)　j.(　)
　　　k.(　)　l.(　)　m.(　)　n.(　)　o.(　)

● 解説 ●　敬語の理解度を試す問題です。最初と最後の問題のみが○です。

b. は自分の動作を表す「謙譲」表現を相手の動作に使っているので×。「社長、こちらでお待ちになって（／お待ち）ください」が正しい。

c. は「佐藤さんがおっしゃった（／話された）ように、この辞書は役に立ちます」が適切。

d. は二重敬語を使っているところが不適切。「お客様はお帰りになりました」と言う。「～帰られました」はぎりぎり合格。

e. は「参りまして」という謙譲語を尊敬語と誤認しているのがいけない。「あの方は一昨年東京からこちらにいらっしゃい（／おいでになり）まして、当大学で教えていらっしゃいます」が正しい。

f. も謙譲語と尊敬語を取り違えている。「お客様がおっしゃいました」と言うべき。

g. も謙譲語と尊敬語の取り違えで、正しくは「案内所でお聞きになって（／おたずね／お聞き）ください」と言います。

h. は最近では一部の作家（たとえば北杜夫氏）も使うことがあるが、正しくない。「とんでもない」が正解。これは、「だらしない」「はしたない」を「だらしございません」「はしたございません」と言わないのと同じ理屈です。どうしても丁寧語を使いたければ「とんでもないことでございます」と言います。

i. は「おる」という謙譲語を尊敬語に使っているので×。「田中さんは、どちらにいらっしゃいますか」が正しい。ただし、念のため注記しますと、最近では、「～おられますか」も正しいとする敬語の本も少なくないようです。

j. も謙譲語と尊敬語の取り違え。正しくは、「工藤さん、いらっしゃいましたら受け付けまでおいでください」とする。

k. でも謙譲表現の「いただく」を尊敬表現と誤認している。「スイカは冷やしたほうがおいしく召し上がれます」が正しい。ただし、「いただく」を丁寧語とする考えもあります。

l. は「私どもの社長が昨日お宅にうかがったと言って（／申して）おりました」と言えば正しい。
　　m. は「来週母が参りますが、お会いになっていただけませんか」が正解。
　　n. は多重敬語ゆえ不適切。「着目して読む」という動作に尊敬表現は一つでよいのです。三つ以上の動作の場合も、最後の部分に一つ敬語をつければ済みます。「言葉づかいに着目してお読みください」が正解です。
　いかがでしたか。敬語について最近の審議会答申では前より詳細な分類が示されました。でも敬語の基本は、尊敬語、謙譲語、丁寧語の三つです。読み書き聞き話す日本語の感性を日ごろから磨くようにしましょう。

解答　a.（○）　b.（×）　c.（×）　d.（×）　e.（×）
　　　　f.（×）　g.（×）　h.（×）　i.（×）　j.（×）
　　　　k.（×）　l.（×）　m.（×）　n.（×）　o.（○）

4　次の文章の誤り部分のみを正しい表現に直しましょう。

あの当時、金に困った米作農家を相手に青田刈りをした米穀商もいましたよ。

解答　＿＿＿＿＿＿＿＿＿＿＿＿＿＿＿＿＿＿＿＿＿＿＿＿＿＿＿

●解説●　ここでは「稲の成熟の前に、あらかじめ収量を見積もって買い入れること」を言う「青田買い」が正解です。「青田刈り」とは「稲をまだ熟さないうちに刈ること」です。

解答例　青田買いをした

5　次の文の最初の漢字に読みがなをふってください。

国境の長いトンネルを抜けると雪国だった。

解答　＿＿＿＿＿＿＿＿＿＿＿＿＿＿＿＿＿＿＿＿＿＿＿＿＿＿＿

●解説●　「こっきょう」と読んだ人はなぜ不正解か分かりますか。「こっきょう」は「国と国との境」のことです。川端康成の『雪国』の背景は、日

本が他国と接する処ではなく、日本国内です。ですから「くにざかい」でなければいけません。

解答例 くにざかい

6 次の文には厳密にいうと誤りが見られます。その部分を指摘し、正しい用法に直してください。

しばしば夫を口汚くののしり、粗暴なる振る舞いも多く、古来より悪妻の代表とされるが、これには誇張がある。

解答 （誤り）＿＿＿＿＿＿＿＿＿＿＿＿＿＿＿＿＿＿＿＿＿＿＿＿

（正解）＿＿＿＿＿＿＿＿＿＿＿＿＿＿＿＿＿＿＿＿＿＿＿＿

● 解説 ●　「古来」はこれだけで「大昔から現在に至るまで」という意味です。これに「より」を付けるのは redundancy（冗漫な表現）であり、不要です。

解答例 （誤り）**古来より**
（正解）**古来**

7 次の文章には誤りが二カ所あります。順に正しい用法二つを書いてください。

「タバコをやめるぞ」と口先だけの意志表示すらできない私は、ほんとうに意思薄弱な人間です。

解答 （1）＿＿＿＿＿＿＿　（2）＿＿＿＿＿＿＿

● 解説 ●　意思表示の「意思」とは「何かをしようという思いや考え」のこと。ようするに、「思い、考え」と言い換えられる場合は、「意思」と表記します。

いっぽう、意志薄弱の「意志」は「進んで何かを行おうとする積極的な気持や決意」の意。このように、「決心、決意」と言い換えられる場合は、「意

志」と書きます。

> 解答例　(1) 意思表示　　(2) 意志薄弱

8　次の文に不適切な部分が二カ所あります。それぞれ順に正しい表現を書いてください。

別府市の工藤春夫さんが撮影してくれました。平安時代の荘園の風景が残る豊後高田市の田染（たしぶ）の荘です。田圃の中に現れた文字、これ、菜の花でできている花文字なんです。訪れた人は突然現れた花文字に驚いたそうです。もう間もなく見頃を終えますが、その後、菜の花は米の肥料として活用されるということです。（NHKTV大分放送局 25／4／06放送。人名のみ仮名）

> 解答　(1) _____　　(2) _____

● 解説 ●　これはアナウンサーによるビデオの説明です。「撮影してくれました」は敬語を使って「撮影して下さいました」と言うべきです。もう一つは、米は「稲の果実」であり、米に肥料はやらないのが常識です。（アメリカでは収穫したトマトに殺虫剤をかけるじゃないか、米に肥料をやって何が悪い、と居直るのは屁理屈。）

> 解答例　(1) 撮影して下さいました。　(2) 稲の肥料として

9　次のアナウンスの文句を正しい表現にかえてください。

この電車にはご乗車できません。

> 解答　_____

● 解説 ●　乗客の行動には尊敬語を使うべきです。動詞の連用形や動作を表す漢語に「なる」が付いて「お（御）〜になる」の形で、敬意を払う表現です。

> 解答例　この電車にはご乗車になれません。

10 「僕」と「わたし」は、会議や面接試験のとき使い分けた方がいいのでしょうか。この問いに答えてください。

解答

● 解説 ● 　会議や面接で「僕」を使うのは甘ったれや気取り屋と受け取られ、マナー上の無知をさらけ出すおそれがあります。「わたし」という表現が適切です。

解答例　使い分ける。男が日常使うのは基本的に「僕」だが、会議や面接試験では「わたし」のほうが適切。

　いかがでしたか。自分は意外に国語力があるんだなと自覚された方がある一方で、そうでない方も多かったかもしれません。そういう方も、今から国語力をつければいいのです。国語力は、ひとつには、どれほど多くの日本語に接してきたかの累積で決まります。これにもうひと言を加えるとすれば、どれほど多くの「正しい」日本語に触れてきたか、ということでしょう。
　もし、「花に水をあげる」とか「ここでフライパンに醤油を入れてあげます」などという表現に何の違和感も持たないとすれば、それは考えものです。
　たくさんのことばや文章に触れた上で、正しい言語感覚をも磨くようにしないと、しっかりした国語力は身につきません。国語力を向上させるために精進しましょう。
　国語力を磨くには、一にも二にも多読です。多読には文庫本や新書判がおすすめです。寝転がって読むのに重たくないし、持ち運びに便利です。一冊だけずっと読みつづけるのがつらい場合は、五、六冊をとっかえひっかえ読めばいいのです。頭が混乱する心配はありません。書く方だって、毎日、雑誌や新聞の連載あるいは短篇や長篇の執筆の締め切りに追われながら書いているわけですから。それで作家の頭が混乱することはない。まして、読み手の私たちに混乱はありません。実地に移してみれば分かります。
　もう一つ、本は寝て読むこと。いわば無重力状態で読めますから、すんなり頭に入ってきます。書見台の前に正座して読めば、足がしびれて、頭に何も入って来なくなります。本は寝て読め、ということです。加藤周一氏もその実践者の一人だということです。

この伝でやってみて、一年後、何冊読んだか数えてみてください。驚くほど読書のスピードも冊数も増大しているはずです。
　次に文章力を磨く。そのためには、たくさん書くことに尽きるといっていいでしょう。私信でも日記でも、毎日、ものを書くように自分をしつけます。投書欄への投書だっていい。旅に出たときは必ず自分宛の何枚かの絵はがきに四百字の通信を書くという人（大隈秀夫『分かりやすい日本語の書き方』講談社現代新書）もいます。アメリカのナサニエル・ホーソーンという作家は、若い頃から晩年まで文学作品ではない文章をたくさん残しています。プロの作家ですらそうなのです。私たちだって、たくさん書くことで、文章力が磨けます。
　「プロの作家とは書くことをやめなかったアマチュアのことである（**A professional writer is an amateur who didn't quit.**）」とは、『かもめのジョナサン』を書いた作家リチャード・バックのことばですが、言い得て妙ではありませんか。
　こうして、英語のみならず日本語も大好き人間に変身したとき、あなたはこの世に時めく翻訳者あるいは人気作家になっているかもしれません。

では最後に、これまで学んだ事柄を次の問題で確認してみましょう。

7章 国語力への志は高く

確認テストにチャレンジ

例題を参考にして、個別に問いがあればそれに従い、各問いに答えてみましょう。

❶ 次の日本語にはおかしな箇所が一か所あります。その部分を正しい日本語に修正してください。

× 大分市の旧野津原町の太田地区には地域の人たちがつくった手作りのショウブ園があります。おととしから休耕田を利用して地域のショウブ愛好家の人三人で花を育てています。（NHKTV大分放送局 12／7／05放送）

解答 ＿＿＿＿＿＿＿＿＿＿＿＿＿＿＿＿＿＿＿＿＿＿＿＿＿＿

❷ a.からj.の○○に入る適切な語を下から選び、その漢字２字を書いてください。

- a. 安寧○○
- b. 快刀○○
- c. 才気○○
- d. 良風○○
- e. 夏炉○○
- f. ○○嘗胆
- g. ○○辛苦
- h. ○○無量
- i. ○○千万
- j. ○○無二

```
しゃに    かんがい   いかん    ちつじょ   かんなん
びぞく    らんま    かんぱつ   がしん    とうせん
```

解答 a.(　　) b.(　　) c.(　　) d.(　　) e.(　　)
　　 f.(　　) g.(　　) h.(　　) i.(　　) j.(　　)

❸ 次も漢字の問題です。漢字に誤りがあれば訂正してください。

- a. 寺小屋
- b. 即戦即決
- c. 大学の講議
- d. 絶対絶命の窮地
- e. 気嫌が悪い
- f. 仮空の人物
- g. 規模を縮少する
- h. ナマコ一匹
- i. 後世畏るべし
- j. そで振り合うも多少の縁

解答 a.(　　) b.(　　) c.(　　) d.(　　) e.(　　)
　　 f.(　　) g.(　　) h.(　　) i.(　　) j.(　　)

④ 次の日本語はおかしな箇所が三つあります。全文を正しく書き改めてください。

「ご注文のほうは、以上でよろしかったでしょうか。汁が足りないときは、言われて下さい。」　◆ 料理を運んできた給仕のことば。

解答　_____

⑤ 次の文章で誤っている部分を指摘し、正しい用法に直してください。

プロ野球の巨人も極端だ。他チームの4番を金にまかせて引っこ抜く。たとえ戦力がだぶついていても相手の戦力ダウンになるから飼い殺してもいい。そう思わせるほどの強欲ぶりだ。　（K大名誉教授、『朝日新聞』朝刊 12／3／04）

解答　（誤り部分）_____

　　　（正しい用法）_____

「確認テストにチャレンジ」の解答と解説

❶ 愛好家三人で

● 解説 ● これは「愛好家の人三人」という表現に見られる同語反復（redundancy）が問題です。情報伝達上で必要とされる以上の情報が含まれているから適切でないのです。

たとえば、「老人の人たち」のような表現もそれに当たります。これは「老人たち」ですみます。もう一つ例をあげれば、「今日の近代的なモダン都市」などもこの部類です。いずれも、明らかに情報過多（information glut）にほかなりません。

この「愛好家の人三人」もそうです。これは、「愛好家三人」で充分。

❷ a. 秩序　b. 乱麻　c. 煥発　d. 美俗　e. 冬扇
　　f. 臥薪　g. 艱難　h. 感慨　i. 遺憾　j. 遮二

● 解説 ● 順に意味を拾っていきますとa.安寧秩序（社会の平和と秩序が保たれていること）、b.快刀乱麻（紛糾している物事をあざやかに処理すること）、c.才気煥発（頭の回転がよく才知のひらめきがはじけるようにあらわれ出るさま）、d.良風美俗（良い風俗・習慣）、e.夏炉冬扇（時節はずれで役に立たないこと）。f.臥薪嘗胆（仇を討つとか将来の成功を成し遂げるために、長期間、苦労や苦心を重ねること）、g.艱難辛苦（困難に出会って苦しい思いを経験すること）、h.感慨無量（何ともいえないほど身にしみて深く感じ入ること）、i.遺憾千万（思いどおりにいかず残念におもう気持がこの上もなく甚だしいこと）、j.遮二無二（まわりや前後のことを考えず、がむしゃらに）。

答えが出やすいようにコントロールされた発問なので、解きやすかったのではないでしょうか。でも、きちんと全問正解だった方は大したもの。おめでとうございます。

❸ a. 寺子屋　b. 速戦即決　c. 講義　d. 絶体絶命
　　e. 機嫌　f. 架空　g. 縮小　h. ナマコ一枚
　　i. 後生　j. 多生、または、他生

●解説● 日ごろあまり書くことはないが、聞いて分かるという領域にとどまる漢字が多かったのではないでしょうか。順に見ていきましょう。

a.寺子屋は、寺子に手習いを教える所で、小屋とは無関係。b.速戦即決は、長く戦い続けることなく、速く、一気に勝敗を決すること。c.講義は、学説の意味を説明したりすることで、大学の授業にもこの名があります。が、近年、学生の２割前後はこの漢字が正しく書けないように見受けられます。

d.絶体絶命は、どうしても逃れる術のない困難な立場にあること。体と命がかかっているわけです。e.機嫌は、愉快か不愉快かという気持や気分のこと。f.架空は、空中に架けわたすことをいいますが、根拠のないことや、想像で作り出すことです。g.縮小は、物事の規模を縮めて小さくすること。答えは反対語を考えると分かります。「拡大」の反対が「縮小」です。大と小がセットになっています。

h.ナマコ一枚の「枚」は、ふつう平たいものを数える単位。イカやタコにも使えます。ウサギ（兎）一羽、チョウ（蝶）一頭といった数え方はご存じでしょうが、ナマコまでは手が回らなかったのでは。i.後生畏るべし、とは、後進の者は努力次第でのちのちどんな大人物になるか分からないので畏敬の念をもって接すべきである、という意味。j.そで振り合うも多生（／他生）の縁、とは、ちょっとの関係もすべて前世からの因縁であるという意味。

以上、かなり骨が折れる問題だったかもしれません。でも、この程度の国語力は基礎の基礎と考えていいでしょう。

❹ ご注文は、以上でよろしいでしょうか。汁が足りないときは、言ってください／おっしゃってください。

●解説● まずここで用いられている「ご注文のほうは」の「ほう」を使う場合は、話題をぼかして言うとき、そうでなければ、分野とか比較や分類を指して言うときです。たとえば、「北のほうに向かった」と言うと、話題のぼかしだし、「どちらかというと赤ワインのほうが好きだ」と言うと、比較や分類に使った言い回しです。ところが「ご注文のほうは」は、このいずれにも当てはまりません。一切をそぎおとし、「ご注文は」で充分です。

いま一つ、「よろしかったでしょうか」はよろしくない。いま現在、料理を運んで来たわけで、いまさら過去の注文がよろしかったか否かを聞いてど

うする、と言いたい。「以上でよろしいでしょうか」と言うのが自然です。
　もう一つ「言われる」は、受け身か尊敬のいずれかを表す表現です。受け身と見なして「言われる」＋「下さい（くれる、の尊敬語）」とすると、「あなた様が第三者から何かを命じられてください」の意味になり、この場の状況に合いません。「言われる」を尊敬と取ると「尊敬語＋尊敬語」となりますが、尊敬語は最後に一つあればいいのです。
　したがって、「言ってください」が自然です。だが、どうしても尊敬語を二つ並べたいのであれば、「おっしゃって下さい」と言えば充分です。

5　（誤り部分）金にまかせて
　（正しい用法）金に飽かして

　●解説●　ここでは「金にまかせて」が誤りで、「金に飽かして」が正しい表現です。「暇にあかして」という言い方と同じです。「金に飽かせて」もまあ正解としていいでしょう。

動詞はふくみも見落とさず

8章

本章のテーマ

動詞は簡単なようで予想もつかない意味をもっている場合があります。前後の文脈や状況から真の意味するところをつかむように心がけましょう。

たとえば stop という動詞を例にとりましょう。Have you ever been stopped for speeding? という文ならば「スピード違反でつかまったことはありますか」という意味で、be stopped は「停止させられた上で切符を切られた」ことまで含んで言っています。

もちろん「停止させられた」だけの場合を言うこともありますが、そういう場合は誤解のないようにことばを補足する必要があります。たとえば、I've been stopped for speeding and they didn't give me a speeding ticket. (スピード違反で止められたが違反切符は切られずにすんだ。) のように言うのが普通です。ふつうスピード違反で止められた場合、何のおとがめもないことはないので、おとがめなしで済んだらそう説明を加える必要があります。

このように stop という簡単な動詞でも幾つかの含みをもつことが分かります。動詞の含みを汲み取った上で翻訳をしようというのが本章のテーマです。

例題にチャレンジ

先ず次の英文の下線部に注意して下線部を含む全文を正しく翻訳してみましょう。

> Cohn, I believe, took every word of the "The Purple Land" as literally as though it had been an R. G. Dun report. You understand me, he made some reservations, but on the whole the book to him was sound. It was all that was needed to <u>set him off</u>. I did not realize the extent to which it <u>had set him off</u> until one day he came into my office.
>
> (Hemingway, *The Sun Also Rises*)

> × 思うに、コーンのやつは『流血の国』の一語々々を、まるでR.G.ダンの週報みたいに文字通りうけとったのであろう。つまりぼくが言いたいのはだ、無条件とはいかないまでも、大体のところではこの本をまっとうなしろものとうけとったことだ。これだけでやつの<u>おかしさが目立つ</u>のはたしかである。その<u>目立ちぐあい</u>がどの程度のものか、やつがオフィスへふらりとあらわれるまで、ぼくにはわからなかった。（RT氏訳 I社）

解答 <u>あいつをたきつける</u>にはもうそれだけで十分だった。やつの<u>心が</u>どれほど<u>かきたてられた</u>かが知れたのは、ある日、仕事場に私を訪ねて来たときのことだった。

● 解説 ● この set（人）off はちょうど「〈目覚まし時計・警報など〉を（突然）鳴らす」のに似ています。この場合は、人の心を off 状態にするわけです。つまり「～のきっかけとなる、～を誘発する」（『ジーニアス英和大辞典』）の意味に取るのが正解です。

ここは、読んだ本に影響されたコーンが南米に行きたくて矢も楯もたまらぬ状態（**be set off**）になり、私の仕事場を急に訪ねて来る。そして「南米に行きたくはないか」と誘った、という文脈です。その本がコーンの心をたきつけた、とするのが正解。

翻訳実践にチャレンジ

では問題です。上記の例を参考にして、個別に問いがあればそれに従い、各英文の翻訳に挑戦してみましょう。

1 The order, granted by Judge Stanley Maphalala on 12 February, was set aside by another High Court judge, Justice Mable Agyemang, after the newspaper challenged it.

> × 2月12日スタンリー・マファララ判事が認可した裁判所命令は、別の最高裁判事メイベル・アジマンによって無効とされた。例の新聞がこの命令に挑戦したのちのことだった。

> 解答

●解説● この challenge という動詞は、日本語にもなっているカタカナことばですが、「挑戦する」という意味ではありません。ここでは「〜に異議を唱える」という意味です。OALD によれば、これは「声明とか行動が果たして正当か、合法か、などと疑念を呈する；物事を受け入れがたいとして拒否する（to question whether a statement or an action is right, legal, etc; to refuse to accept something）」という意味だと定義しています。

　この場合、it は challenge の目的語。だからといって、「it（= the order）に挑戦する」とはならないことは、今さっき引いた OALD にの定義から明らかでしょう。「challenge（人）to do／to（物事）」という形で活用されたとき初めて「挑戦する」という領域に意味がおよびます。

　この challenge は、名詞としては、「やりがいのある仕事、課題」という意味でもっともよく使われます。活用は、accept a challenge（困難なことを引き受ける、挑戦に応じる）のような形を取ります。

　カタカナことばの「チャレンジ」があまりに浸透しているがために、短絡的に「挑戦する」と訳さないよう注意が必要です。

> 解答例　2月12日スタンリー・マファララ判事が認可した裁判所命令は、別の最高裁判事メイベル・アジマンによって無効とされた。それは、例の新聞がこの命令に異議を唱えたあとになってのことだった。

2　次の下線部は文字どおりの意味で訳されています。好ましい翻訳を示してください。

A goat hopped up on one of the carts and then to the diligence. He <u>jerked his head</u> at other goats below and when I waved at him bounded down. (Hemingway, *The Sun Also Rises*)

　　△　やぎがいっぴき、荷車のひとつにとびあがり、つづいて乗合馬車の屋根にとびのった。下の仲間に<u>ぐいと首をふる</u>、ぼくがそっちに向かって手をふると、とびおりた。(RT氏訳　I社)

△　一頭の山羊が荷物に飛び乗り、そこから駅馬車の屋根に飛び移った。そこで、下にいる仲間の山羊たちに向かって頭を突きあげていたが、ぼくが手を振ると下に飛び降りてしまった。（HT氏訳　S社）

解答　（好ましい翻訳）_____

● 解説 ●　この jerked his head とは「ぐいと首をふる」「頭を突きあげる」という動作であることは確かです。でも、その動作がどういう意味を持つか翻訳されていない点が問題です。

　もう一歩踏み込んで、下にいる山羊の仲間に「（頭をぐいと動かす仕草をして）上がって来いと合図した」という動詞の意味の含みを読者に伝えるべきでしょう。この含みを翻訳に含めてこそ、読者にはヤギの動作の持つ意味がよく伝わります。

解答例　頭で来いと合図した

3　Please remember the waiter.　　　　　　◆ レストランで。
　　×　どうか給仕さんのことを忘れないでください。

解答　_____

● 解説 ●　この remember は「忘れない」という意味ですが、何をするのを忘れないかが問題です。これは「（チップをやることを）忘れないで」という意味です。つまり Please tip the waiter. と同義です。

解答例　どうか給仕さんにチップをやってください。

4　下線部は -ing 形をした形容詞ですが、その元となっている動詞の意味を補足しそこなった例です。正しく翻訳してください。

The brigade was formed in line of battle, and after a pause started slowly through the woods in the rear of the receding skirmishers, who were continually melting into the scene to appear again farther on.

(Stephen Crane, *The Red Badge of Courage*)

× 旅団は、戦列を組むとまもなく、<u>引きあげてくる</u>散兵の後方の森を通って、ゆっくりと前進をはじめた。散兵たちは、絶えず景色に融けていなくなったと思うと、また遠くの方に姿を現した。(MN氏訳 I社)

解答

● 解説 ● この receding の元となる recede という動詞は「退く、後退する」の意味だけではありません。「遠のいてゆくように見える」の意味があります。本文はこの例です。たとえば『ランダムハウス英和大辞典第2版』に recede from view（視界から遠のく）の用例が出ています。

問題部分では「引きあげてくる散兵」が再び「遠くの方に姿を現」すのには、矛盾があります。幻覚の世界でもない限り、それはあり得ません。

文脈を無視したことのほかに、recede という動詞の持つ含蓄を辞書で確認しなかったのが誤訳の原因です。

なお、「散兵」とは聞き慣れない言葉ですが軍事用語で、敵前で適当な距離を隔てて散開させた兵のことを言います。

解答例 向こうへ遠ざかって行く

5 They say they don't have the time, but I don't <u>buy</u> that.

解答

● 解説 ● この I don't buy that. で buy の意味は、accept または believe の意で、「そんなの真に受けないよ」という意味です。文字どおりの意味に取ると誤訳してしまいます。

肯定文で I'll buy that. と言えば、「それに賛成だ」「よし分かった、信用しよう」という意味です。buy が「買う」と結びつかない場合があることに注意しましょう。

解答例 みんなそういう時間はないと言いますが、そんな意見、**賛成**（／**信用**）しません。

8章 動詞はふくみも見落とさず

6 I think you've been had by him.

解答 _____

●解説● この have been had は have been cheated や have been tricked（『コウビルド英英辞典』参照）の意味で、「だまされる、欺かれる」とするのが正解。

解答例 君は彼にだまされたんだと思うよ。

7 You've lost me there.

解答 _____

●解説● この You've lost me there. は「そこのところであなたの話の内容が理解できなくなりました」という意味です。相手が話していることは聞こえていても、相手の話している意味内容が理解できないとき、この表現を使います。ちなみに相手の言っていることが聞こえない場合は I beg your pardon? と言えば、同じことばを相手は繰り返してくれます。

　ところが、ここは、You're no longer understood by me.（今おっしゃったところが私によく理解できないんですが）= I'm lost there. と発言しているのです。

　ですから You've lost me. と言うと、相手は別のことばで易しく説明しなおしてくれることでしょう。

解答例 そこのところでおっしゃることが分かりません。

8 I slept too late today.

解答 _____

●解説● この sleep late は sleep until late in the morning（朝おそい時刻まで寝ている）という意味です。したがって、「きょうは寝坊した」というのが正解。「遅く寝た」という意味ではありません。

「遅くまで起きていた」と言いたい場合は、I sat up late. と言います。

解答例 > きょうは寝過ごしてしまった。

9. I <u>have had it</u>. I had an appointment with the doctor at 9:30 and they've kept me waiting for two whole hours.

解答 > ＿＿＿＿＿＿＿＿＿＿＿＿＿＿＿＿＿＿＿＿＿＿＿＿＿

● 解説 ● この場合 I have had it. は I'm tired of waiting and annoyed about it, and do not want to continue waiting any longer. (待たされるのでくたびれイライラする、もうこれ以上は待たされたくない) ということです。「もういやだ、我慢できない」という気持を表すことばです。

解答例 > <u>もう我慢の限界だ</u>。九時半に診察の予約を入れていたのに、丸二時間も待たせるなんて。

10. Nothing is sacred; anything <u>goes</u> in this world.

解答 > ＿＿＿＿＿＿＿＿＿＿＿＿＿＿＿＿＿＿＿＿＿＿＿＿＿

● 解説 ● この Anything goes. は「言動は何であれ容認される、いかにそれが衝撃的だろうと異常であろうとおかまいなしに（Anything that someone says or does is accepted or allowed, however shocking or unusual it may be.）」（OALD）という意味です。ほかに「何でもまかりとおる」「何でも許される」と翻訳しても正解です。

解答例 > 聖域はない。この世は何でもありなのだ。

では最後に、これまで学んだ事柄を次の問題で確認してみましょう。

確認テストにチャレンジ

今までの練習を参考にして、個別に問いがあればそれに従い、各英文の翻訳に取り組んでみましょう。

❶ 次の英文は二十歳の男性からの人生相談です。目下、ライザという理想の女性と婚約しているということです。訳文の空白に合うように making out を翻訳してください。

> Before she dated me, Liza dated one of my best friends. In fact, I once witnessed them <u>making out</u> at a party. The problem is, every time we become intimate, that image plays in my head. I know what happened before we dated is not really my business, but I feel I should tell her what is bothering me.
>
> I know Liza would never cheat on me, but seeing her talking to another guy has hurt me. How do I tell her something she did in her past is affecting me every time we make love? (Annie's Mailbox, IHT 28-29／6／08)

（訳）　ぼくと付き合う前、ライザはぼくの親友とつきあっていました。はっきり言えば、パーティーで二人が（　　　　）かつてこの目で見たことがあるんです。（以下略）

解答　_____

❷ 下線部の動詞句の翻訳が間違っています。正しく翻訳してください。
〈ヒント〉戦場で南軍と北軍が銃撃戦を展開。北軍の将校たちが兵士たちの後方で兵士たちを指揮している場面。

> And often they [= the officers] nearly <u>stood upon their heads</u> in their anxiety to observe the enemy on the other side of the tumbling smoke.
>
> (Stephen Crane, *The Red Badge of Courage*)

× しばしば彼らは、うず巻く硝煙の向こう側にいる敵軍を偵察しようと、ほとんど逆立ちせんばかりに夢中になることがあった。

(MN氏訳 I社)

解答 _____

❸ 場面は、遺産ねらいでウィルクス兄弟になりすました王様と公爵が、新たに名乗り出た別の兄弟と真偽を争うところ。手紙と筆跡を照合した弁護士は、次のように言い放つ。そのときのしぐさ(下線部)が問題です。そのしぐさを正しく翻訳してください。

"Well, well, well! I thought we was right on the track of a slution, but it's gone to grass, partly. But anyway, *one* thing is proved—*these* two ain't either of 'em Wilkes"—and he wagged his head towards the king and the duke.

(Mark Twain, *Adventures of Huckleberry Finn*)

◆ 文中の was や slution は原文通りで、were や solution のこと。

× 「やれやれ！この方法ならすぐに解決だと思っていたが、どうやらまた迷路に入り込んだようだな。しかし、まあとにかく、ひとつだけ明らかになった――そっちの二人はどちらもウィルクス兄弟じゃないってことだ」――そういうなり、弁護士は王様と公爵のほうを指さした。 (SK氏訳 C社)

あとは翻訳の問題部分だけを引用します。

△ 王様と公爵の方へ頭を振って見せた。 (HM氏訳 S社)
× 王様と公爵のほうへ首を向けた。 (MN氏訳 I社)

解答 _____

❹ 下線を引いた動詞の部分に誤訳があります。正しく翻訳してください。

After a time the brigade was halted in the cathedral light of a forest. The busy skirmishers were still popping.

Through the aisles of the wood could be seen the floating smoke from the rifles.　(Stephen Crane, *The Red Badge of Courage*)

　　×　　しばらくすると旅団は、森の中の、大寺院に明りが射しているような所で停止した。散兵たちは、まだ忙しそうに出没していた。木々のあいだの通廊から、彼らの小銃の煙が漂っているのが見えた。

(MN氏訳　I社)

解答▶ _____

❺　下線を引いた動詞句の訳に誤りがあります。正しく翻訳してください。

This advance of the enemy has seemed to the youth like a ruthless hunting. He began to fume with rage and exasperation. He <u>beat his foot upon the ground</u>, and scowled with hate at the swirling smoke that was approaching like a phantom flood.

(Stephen Crane, *The Red Badge of Courage*)

　　×　　若者には、敵のこの進撃が、残忍な狩猟のように思われた。彼は、やっきとなって激しい怒りを燃え立たせた。そして地面を踏みならし、まぼろしの洪水のように接近してくる硝煙のうず巻きに向かって、憎々しげに顔をしかめた。

(MN氏訳　I社)

解答▶ _____

「確認テストにチャレンジ」の解答と解説

❶ 愛し合っているところを

●解説● この making out という言い回しは「イチャついている」という段階をはるかに通り越しています。ほかにも、we become intimate とか we make love という表現をともなう全体の文脈から推測できたでしょうが、「性行為をしているところを」目撃したわけです。その証拠に、『コウビルド英英辞典』は、アメリカ語法として、If two people "are making out," they are engaged in sexual activity. と明記しています。わが国のパーティーではこんな光景を見ることはなさそうですが、国や文化がちがえば……

もう一つ、making out と make out はどう違うか。進行形の making out だと、その行為を瞬間的に見た、という意味です。もし、その行為を最初から最後まで見届けたのであれば、make out となります。ですから、この悩みを抱えた男性は、むかし一瞬そういう場面をちらっと目撃した、というわけです。始めから終わりまで見ていたわけではありません。動詞の含みを説明するのには、強烈すぎる英語だったでしょうか。おゆるしを。

❷ 全力を尽くした

●解説● この stand on one's head は、「何でもする、あらん限りのことをする」(『小学館ランダムハウス英和大辞典第2版』)という意味です。『ジーニアス英和辞典第4版』は記載がありませんが、第3版には「(略式)全力を尽す、できることをすべてやる」と出ています。したがって「全力を尽くした」というのが正解。

この動詞句の直前の nearly は「もう少しのところである状態に達しそうなこと」を表す副詞です。よって、nearly stood upon their heads 以下の英文は「うず巻く硝煙の向こうにいる敵の様子を探ろうとやっきになって敵情の観察にほとんど全力を尽くしていた」というほどの意味になります。

一般に stand upon one's head は「逆立ちする」という意味ですが、これでは文脈に合わない。また、もしこれが、standing upon one's head のように -ing 形で用いられたら「造作なく、わけなく、物事をなしとげることができる (to be able to do something very easily and without having to think too much)」(OALD) の意味になります。が、これともちがう。

　ネット上にはありますが、辞書でおいそれと見つかるとはかぎりませんので、難問だったかもしれません。

❸　**王様と公爵の方に向かって、首を横にふり、疑念をあらわにした。**

　●解説●　この wag one's head はどういうしぐさか。このしぐさが何をあらわすか。これが問題です。

　首を横に振る、という英語は、waggle one's head, shake one's head, move one's head from side to side などと表現します。首を縦に振る、なら nod one's head で、うなずくしぐさ。

　以上の両方に使えるのが、wag one's head という表現です。その証拠に、類語辞典では、nod、shake、waggle と同じと出ています。また『ジーニアス英和辞典第4版』にも、「〈人・動物などが〉（左右・上下に）〈体の一部を〉振る、揺り動かす」とした上で、wag one's head は「うなずく」も含めて、「頭［首］を振る、うなずく《あざけり・面白がり・同意などの動作》」と明記しているのは、お見事。

　ただ、文脈から判断しますと、筆跡鑑定をした弁護士は、王様と公爵に向かって、首を横に振って、お前さんたちは嘘つきだ、と「否定の合図」（『しぐさの表現辞典』研究社）を送ったことになります。

　以下は余談です。もし wag one's head up and down にすれば、縦に首を振る意味だけです。この wag one's head は、縦、横いずれにも首を振る場合に使えるのは先に述べましたが、では、「首を上下に振る」という事例があるかというと、ゼロに近い。辞書には、研究社『新編英和活用大辞典』に一例あるのみです。なぜか。たぶん、英語国人は wag と言えば、犬が尻尾を横に振る（wag one's tail）のを強く連想するからではないでしょうか。尻尾を縦に振る犬はあまり見かけませんから。

❹　**発砲していた／銃声を上げていた。**

　●解説●　問題の動詞 pop を含む文章は、「小さな戦闘に従事して小ぜり合いを続ける者たちは、まだ銃声を上げていた」という意味です。busy は、

「一心に物事に没入している、休まないでいる（occupied, working, with attention concentrated; unresting）」（OALD）という意味。pop は、「（銃などを）発砲［発射］する」ことで、この場合は、「出没する、急に現れる」という意味には取れません。

なぜかというと、「出没する」は味方を言う場合にはつかいません。したがって、敵が出没したわけです。だったら、この旅団は森の中に安閑と停止したままではいられないはず。でも、ほぼ旅団が停止している。どうなっているのでしょうか。

この文脈は、旅団は停止したものの、味方の一部と敵があちらでまだ小ぜり合いをし銃を発砲しているというものです。したがって、この skirmishers は、敵と味方（旅団以外の、あるいは旅団の一部の味方）双方の、小ぜり合いをしている者たちのことです。

ゆえに、pop の意味の中から「（小銃などで）発砲する」という定義を選ぶのが、この動詞の正解です。

❺ 地面を強く一回踏みつけ、かんしゃくをあらわにして、

● 解説 ● この beat his foot upon the ground は、foot が単数形であることからも分かるとおり、「片足で地面を強く1回踏みつける（かんしゃくを起こしていきりたつしぐさ）」（『しぐさの英語表現辞典』）であり、stamped his foot ということと意味は同じ。

もし訳文どおり「踏みならす」のなら、それは「ふんで平らにする」（『広辞苑』）ことですから、この foot は複数形 feet になっていなければなりません。

また、もし英文が、beat his feet とか stamped his feet となっていれば、その意味は、立っていて寒くてならないので血行をよくするために「足を何度も踏みならす」あるいは、幼児がかんしゃくをおこして「何度も地団駄を踏む」しぐさを指すはずです。

以上のことから、ここは「ドンと一回、足を地面に打ち下ろす」というしぐさを表しています。むかし筆者もこれをやられたことがあります。まさに Everything comes down to experience.（すべては経験になる）ではありますが……

名詞の誤訳は誤魔化し利かぬ

2章

本章のテーマ

誤訳のない翻訳はないといって過言ではありません。なかでも目立つのが名詞がからむ誤訳です。

例を一つ紹介します。

> She looked hungrily at the <u>frocks</u> floating by, butter-yellow watered silks with garlands of rosebuds; ... exposed bosoms; seductive flowers.　(Margaret Mitchell, *Gone with the Wind*)

× 彼女はむさぼるように流れゆく<u>人々の群れ</u>に見入っていた。ばらのつぼみの花飾りをつけた黄色い波紋のある絹……あらわな胸、魅力的な花、そうしたものが美しく目の前を流れてゆく。

　　　　　　　　　　　　　　　　　　　　　　（O&T氏訳　K社）

解答　（婦人たちの）ワンピースに見入っていた。

下線部に注目してください。flock は a flock of people（人々の群れ）、come in flock（大勢でやって来る）のように使います。でもここは frocks ですから「（婦人たちの）ワンピース」という意味です。この誤訳は、frock を flock と取り違えたものです。

名詞がからむ誤訳の原因は、このような似かよった単語の取り違えのほか、動植物についての常識や生活文化の知識の欠落とか、比喩・婉曲表現に気がつかないことなど様々です。意外に多いのはうっかりミスです。どうしてこういう誤訳が生じるのか信じられないというような不思議なミスもあります。誤りとはっきりと分かるものが多いのです。

名詞の誤訳はすぐにそれと分かります。名詞の誤訳は誤魔化しが利かないのです。くれぐれも注意しましょう。名詞がらみの誤訳を防ごうというのが本章のテーマです。

例題にチャレンジ

先ず次の英文の下線部を正しく翻訳してみましょう。

One morning about daybreak I found a canoe and crossed over a chute to the main shore—it was only two hundred yards—and paddled about a mile up a crick among the cypress woods, to see if I couldn't get some berries. ◆ crick = creek.
（Mark Twain, *Adventures of Huckleberry Finn*）

× ある朝、夜明けごろ、おらは一隻のカヌーを見つけたんで、早瀬を横切って岸までこいでいった——二百メートルくらいの距離しかなかった——それから、苺が見つからないか捜しに、イトスギの林の中を流れてる小川を一キロ半ばかりこいで上がった。（MN氏訳　I社）

× ある日のこと、日の昇る時分に一艘のカヌーを見つけた。それでおれはそれに乗って、狭い水路を通って土手までいった——それから、苺でも取って帰れないかと思って、糸杉の林の中の小川を一マイルばかし漕ぎ上がった。（SK氏訳　C社）

解答　ヌマスギ／落羽松（ラクウショウ）。

● 解説 ●　この cypress はミシシッピ河の湿地帯に生える bald cypress という名の「ヌマスギ」です。少し大きな辞典や百科辞典にはハッキリと出ています。

イトスギ（糸杉）はゴッホの油絵にあるように乾燥地に生えます。特に死者を悼む象徴として、墓地に植えられる植物でもあります。それが大河の沼沢地に生えているのですから、これは違うと考えてもよかった。いま少し常識を働かせるべきでした。

翻訳実践にチャレンジ

では問題です。上記の例を参考にして、個別に問いがあればそれに従い、各英文の翻訳に挑戦してみましょう。

1 下線部に誤訳があります。正しく翻訳してください。

The review commenced publication in Carmel, California, and finished in Provincetown, Massachusetts. By that time Cohn, who had been regarded purely as an <u>angel</u>, and whose name had appeared on the editorial page merely as a member of the advisory board, had become the sole editor. （Hemingway, *The Sun Also Rises*）

× この雑誌はカリフォルニヤのカーメルで創刊、マサチューセッツのプロヴィンスタウンで廃刊になった。はじめまるで<u>天使</u>みたいにありがたがられ、顧問の一人に加わって編集者欄に名をのせるだけだったコーンが、しまいには独裁の編集長になった。（MT氏訳　I社）

▶解答

●解説● この angel という誰でも知っている単語は「天使」として片づけて辞書を引かなかったことによる誤訳です。angel の意味はただ一つと決めてかかってはいけません。

この場合 angel とは「経済的援助をする後援者」の意。引用文の前後の文脈を読めば「天使」ではおかしいことが分かります。思い込みによって生じた誤訳です。

そしてもう一つ誤訳があります。これは名詞がらみではありませんが、had become the sole editor の部分です。「独裁の編集長になった」というのは誤訳で、「唯一の編集者となった」とか「編集者として残るは自分だけになった」とするのが正解です。

▶解答例　パトロン／スポンサー。

2 下線部に誤訳があります。正しく翻訳してください。

"Ashley Wilkes said they [European people] had an awful lot of <u>scenery</u> and music. Ashley liked Europe. He's always talking about it."　　(Margaret Mitchell, *Gone with the Wind*)

× 「アシュレ・ウィルクスは、あっちには、いい<u>芝居</u>だの、いい音楽だのが、ふんだんにあるって言ってたぜ。アシュレは欧州が好きなんだね。いつも欧州のことばかり話している」　　（O＆T氏訳　K社）

解答 ＿＿＿＿＿＿＿＿＿＿＿＿＿＿＿＿＿＿＿＿＿＿＿＿＿＿

●解説● ここは scene ではなく scenery となっていますから「景色」が正しい翻訳です。scene は「（劇・映画・小説などの）舞台」のことで The scene is the living room.（舞台は居間である。）のように言います。誤訳はこの一箇所のみですが、次に改めて大意を示しておきます。

　　アシュレ・ウィルクスはあっちにはいい<u>景色</u>が多くあり、いい音楽もずいぶんとあるって言っていたぜ。アシュレはヨーロッパが気に入ったってことだな。いつもその話ばっかりしているもんな。

ちなみに、これ以外にも似た語の取り違えは、moral と morale、place と palace、socks と sacks、avenue と venue、county と country、lavatory と laboratory、haven と heaven などたくさんの事例があります。注意しましょう。

解答例　景色。

3 下線部に誤訳があります。正しく翻訳してください。

He worked hard in America so that he might have something to show <u>his folks</u> back in Italy.

× 出稼ぎに行ったその男はアメリカで一生懸命働いて、故郷のイタリアに帰ったとき、<u>人に</u>見せられるだけの成績をあげようとしていた。
　　（FS氏訳　K社）

解答▶

●解説● この his folks とは the members of his family, especially his parents という意味です。「家族、両親」という意味です。最大限に意味が外れても、訳は「親戚」までが限度でしょう。

なお、old folk とか country folk あるいは old folks や the folks back home という場合は、人一般（people in general）を指します。one's folks と混同しないようにしましょう。

解答例▶ 自分の家族／両親。

4 誤訳部分を正しく翻訳してください。

"Sommelier!" the count called.
"Yes, sir."
"What is the oldest brandy you have?"
"Eighteen eleven, sir."
"Bring us a bottle."　　　　　　　（Hemingway, The Sun Also Rises）

　　×　「給仕！」と伯爵が呼んだ。
　　　　「はい、御前」
　　　　「ここの一番古いブランデーは何だね？」
　　　　「1911年生のものです」
　　　　「一びんもってきてくれ」　　　　　　　（YO氏訳絶版　S社）

解答▶

●解説● これは訳したご本人が信じられないという類のミスです。翻訳に誤訳のないことは無いとすでに述べましたが、この手の単純なミスが名詞の翻訳には実に多いのです。

自分ならばそんなミスはしないとお思いでしょう。でも、言うは易く行うは難しなのです。必ず起こります。それをどう防ぐかそれぞれに対策を立ててみてください。

何度も照合と校正を繰り返す、人さまに読んでもらう、などの対策もあります。

解答例▶ 1811 年

5　下線部に誤訳があります。正しく翻訳してください。

Spring had come early that year, with warm quick rains and sudden frothing of pink peach blossoms and <u>dogwood</u> dappling with white stars the dark river swamp and far-off hills.　　　　　（Margaret Mitchell, *Gone with the Wind*）

◆ dapple = mark with spots of color（まだらにする）

× 　その年は、あたたかいいきいきとした雨をともなって、春が早く来た。あかい桃の花は急ぎ咲きだすし、<u>やまぐみ</u>の花は、暗い沼地や遠い山々を点々と白い星のようにいろどった。　　　　（O＆T氏訳　K社）

解答▶ _____

● 解説 ●　この dogwood は「（アメリカ）ハナミズキ」です。むかし日本から米国に送ったポトマックのサクラのお礼に米国から東京にハナミズキが送られて来たことを知っている人も多いかもしれません。風土や植生や文化に通じていないと思わぬ誤訳を招きます。知らない時はどうしましょうか。

　手近な辞書や百科辞典に当たってみましょう。最近はインターネットのおかげでもっと調べやすくなったと思います。

　同時通訳のようにすばやく正解が出せるように、旺盛な知識欲や興味をもって日頃から知識を蓄えるように心掛けましょう。

　最後に蛇足をひと言。動植物名はカタカナで表記するのがわが国の学会の通則です。翻訳にまでそれを適用するかは議論の分かれるところですが、それを踏襲している新聞社もあります。

|解答例| （アメリカ）ハナミズキ

6 下線部を正しく訳してください。

He sports a big <u>bamboo</u> cane. ◆ sport:～気取りである、演技をみせる。

× 大きな<u>藤の</u>ステッキなどふりまわして、ご機嫌である。

（FS氏訳　K社）

|解答| _____

● 解説 ●　どうしてこんな初歩的ミスが、と思われる誤訳です。ひょっとすると cane だけに目が行き藤椅子の藤が浮かんでそのイメージが広がったのかもしれません。その結果、何かの思い込みで bamboo が抜け落ちたとも考えられます。

　ちなみにこの方は、英語ほど微に入り細をうがった表現のできる言語はこの世にないと断言した日本人であり、英語の達人でした。

|解答例| <u>竹の</u>ステッキ。

7 下線部に注意して、次の英文を翻訳してください。

He has an <u>instinct</u> for understanding human behavior.

|解答| _____

● 解説 ●　この instinct は「才能、天性」のことです。「本能」と訳すのは誤訳です。

　これを「本能」と訳していいのは、All men have an instinct for conflict.（男にはみな闘争本能がある）などと言うときです。辞書を引く癖をつければ、このレベルの誤訳は防ぐことができます。

|解答例| 彼には人間の行動を理解する才能がある。

8 下線部を正しく訳してください。

The taxi went up the hill, passed the lighted square, then on into the dark, still climbing, then levelled out onto a dark street behind St. Etienne du Mont, went smoothly down the asphalt, passed the trees and the standing bus at the Place de la Contrescarpe, then turned onto the <u>cobbles</u> of the Rue Mouffetard.　　(Hemingway, *The Sun Also Rises*)

　　× タクシーは山手のほうに上がって行く、あかるい広場をぬけ、暗がりにはいり、なおものぼりつづける、やがて、サン・ティティエンヌ・デュ・モンの裏通りへ出て平坦な道をとり、アスファルトの上をすべるように走って行く、並木やコントレスカルプ広場にとまっているバスがうしろへ流れてゆく、やがて車は折れてリュ・ムフェタールの<u>砂利道</u>へ出た。　　　　　　　　（RT氏訳　I社）

解答▸ _____

●解説● この cobble は pebble（小石）よりも大きい、手の平大の丸石（玉石）のことです。坂道に雨や雪がふると、乗馬や荷馬車は滑って危険です。それを防止するために急な坂道に玉石を敷き詰めたのです。そういう道が **cobbles** です。

　急坂をのぼりくだりするときU字型の蹄鉄が玉石を嚙むので滑らずに済むというわけです。今もスコットランドのエディンバラ城やスターリング城の城門に至る急な坂道にはこれが残っています。

解答例▸ 丸石（玉石）で**舗装**した道。

9 下線部を正しく訳してください。

She [Scarlett] had never seen her mother stirred from her austere placidity nor her <u>personal appointments</u> anything but perfect, no matter what the hour of day or night.

（Margaret Mitchell, *Gone with the Wind*）

× スカーレットは、夜だろうが昼だろうが、母が謹厳なおちつきをみだしたり、<u>身だしなみ</u>を忘れたりしたのを一度も見たことがない。

（O＆T氏訳　K社）

解答

●解説●　この one's personal appointments は「人との面会の約束」のこと。これを one's personal appearance（身だしなみ）と混同した誤訳。次に引用文の大意を示しておきます。

　スカーレットは、母が謹厳な落ち着きを失うのを見たことが一度もなかったし、<u>人との面会の約束</u>をおろそかにするようなこともまったく見たことがなかった。母の挙措は、いついかなるときもそうだった。

　さて、よりにもよって appointment と appearance の取り違えがなぜ起こるのでしょうか。不思議に思われるかもしれません。でもよく起こるのです。

　少ししか似ていない単語同士でも思わぬ誤訳が生まれます。名詞の誤訳は誤魔化しが利きませんので注意しましょう。

解答例　人との面会の約束。

10 次の英文の下線部を正しく翻訳してください。

For three years I did an average amount of work, but having no particular aptitude, it was always more convenient to reckon my place in class from the bottom. Strangely enough, however, I was able to graduate. I thought this was curious myself, but since I had no cause for complaint, I held my peace and graduated.

> × 三年間人並みに勉強したが別段これといった才能もないから、成績はいつもクラスで下から数えた方が便利だった。しかし不思議なことに、卒業できた。自分でも変だと思ったが、不平を鳴らす理由もないので、気持を取り乱すことなく卒業した。

解答

● 解説 ●　この hold one's peace は remain silent, or keep silence, although one would like to give one's opinion（言いたいことがあっても黙っている）という意味です。

　ひょっとすると peace を piece と思いこんで refrain from going to pieces「（精神的肉体的に）ダメになることもなく」という表現が頭に浮かんだのかもしれません。慣用表現を見逃している名詞の誤訳例の一つです。

解答例　黙って卒業した

では最後に、これまで学んだ事柄を次の問題で確認してみましょう。

確認テストにチャレンジ

今までの練習を参考にして、個別に問いがあればそれに従い、各英文の翻訳に取り組んでみましょう。

❶ 次の英文の翻訳に名詞の誤訳があります。その部分を正しく翻訳してください。

　　The regiment bled extravagantly. Grunting bundles of blue began to drop. The orderly sergeant of the youth's company was shot through the cheeks.
　　　　　　　　　　　　　　　　（Stephen Crane, *The Red Badge of Courage*）

　　×　連隊は、おびただしい血を流した。青い兵士たちが、うめきながら束になって倒れはじめた。若者の連隊の古参軍曹は、頬を撃ち抜かれた。　　　　　　　　　　　　　　　　　　　　　　（MN氏訳　I社）

解答▶ _____

❷ 次の英文の下線部の翻訳に明らかな誤訳が2箇所あります。正しく翻訳しなおしてください。

　　Belabored by their officers, they began to move forward. The regiment, <u>involved like a cart involved in mud and muddle</u>, started unevenly with many jolts and jerks.
　　　　　　　　　　　　　　　　（Stephen Crane, *The Red Badge of Courage*）

　　×　そして、将校たちに尻を叩かれて前進を始めた。連隊は、<u>泥とぬかるみにはまり込んだ猫のように自由を失って</u>、何回もぎくしゃくと体をゆすりながら、でこぼこになって進んだ。　（MN氏訳　I社）

解答▶ _____

❸ 英文の下線部にある名詞の誤訳を正しく翻訳してください。〈ヒント〉兵を指揮する将校は、みんなを口汚く腰抜け呼ばわりする。心中、これに怒った主人公の若者「彼」は、戦果を上げることで将校に一泡ふかせて悔恨の念を抱かせるつもりだった。が、突撃は失敗。目下、退却中。

When he knew that he and his comrades had failed to do anything in successful ways that might bring the little pangs of a kind of remorse upon the officer, the youth allowed the rage of the baffled to possess him. <u>This cold officer upon a monument, who dropped epithets unconcernedly down, would be finer as a dead man</u>, he thought. So grievous did he think it that he could never possess the secret right to taunt truly in answer.

(Stephen Crane, *The Red Badge of Courage*)

× 若者と戦友たちは、その将校の心に、いささかでも後悔の苦痛に近いものを、与えるかもしれない戦果を、何ひとつあげることができなかったが、それに気がついたとき若者は、敗北の怒りで心が占められるのを、そのままにしておくより仕方がなかった。<u>高い所から、人に向かってあだ名を平気で投げちらす、銅像のように冷酷なこの将校は、死人になったほうがずっと引き立つだろう</u>と彼は考えた。それを本当にあざけり返すことができるひそかな権利を、ついに自分のものにできなかったことを、彼は心から口惜しく思った。 (MN氏訳 Ｉ社)

解答 _____

❹ 次の下線部に名詞の誤訳があります。その部分を正しく翻訳してください。

"Where in hell yeh goin'?" the lieutenant was asking in a sarcastic howl. <u>And a red-bearded officer, whose voice of triple brass could plainly be heard, was commanding:</u> "Shoot into 'em! Shoot into 'em, Gawd damn their souls!" ◆ 'em = them.

(Stephen Crane, *The Red Badge of Courage*)

× 「いったいどこへ行くんだ？」少尉がとげとげしい声を張り上げで尋ねていた。一人の赤ひげの将校が、真鍮を三枚張ったようなよく響く声で、「ぶち込め！いまいましい奴らのど真中に、ぶち込むんだ！」と命令していた。
　　　　　　　　　　　　　　　　　　　　　　　（MN氏訳　I社）

解答▶ _____

❺ 下線部の翻訳に誤訳があります。その部分を正しく翻訳してください。

　These latter braced their energies for a great struggle. Often, white clinched teeth shone from the dusky faces. Many heads surged to and fro, floating upon a pale sea of smoke. Those behind the fence frequently shouted and yelped in taunts and gibelike cries, but the regiment maintained a stressed silence. Perhaps, <u>at this new assault the men recalled the fact that they had been named mud diggers</u>, and it made their situation thrice bitter. They were breathly intent upon keeping the ground and thrusting away the rejoicing body of the enemy.

　　　　　　　　　　（Stephen Crane, *The Red Badge of Courage*）

　◆ These latter = The blue men: 北軍の兵士たち。

× 　青い兵士たちの方は、決戦に備えて精力を凝集していた。黒く汚れた顔に、噛みしめた白い歯だけが、しばしば光って見えた。ぼんやりした煙の海に漂う多くの頭が、右に左に大きく揺れた。柵の後ろの敵は、何回も大声をあげて嘲ったりからかったりしたが、連隊はじっとこらえて沈黙を守っていた。たぶん、<u>敵の新たな攻勢を受けた兵士たちは、かつてらば追いと呼ばれたことを思いだし</u>、そのために今の立場が何倍か、やりきれないものに感じられたのであろう。彼らは、陣地を死守し、歓喜する敵の部隊を撃退しようとして、息もつかずに熱中していた。
　　　　　　　　　　　　　　　　　　　　　　　（MN氏訳　I社）

解答▶ _____

「確認テストにチャレンジ」の解答と解説

① 若者が所属する中隊の伝令担当軍曹は、両頬に貫通銃創を負った。

●解説● この company は「中隊」が正解。前文の最初に「連隊（regiment）」が出てくるので、まず間違えようがない部分です。ここでは company を「中隊」と正せたら正解とします。

だが、もう一つ、この文に誤訳があります。orderly sergeant は「伝令担当軍曹」が正解。これを「古参軍曹」としたのは、形容詞 orderly を old または elderly だと誤認したがゆえです。元となる order は「指示、命令」を意味する名詞。その形容詞は「伝令役の、伝令の」という意味です。

② 混乱をきたすぬかるみにはまって抜き差しならなくなった荷馬車みたいに難儀して、

●解説● これは cart を cat と読み違え、「混乱状態」を意味する muddle を「ぬかるみ」という意味に誤訳したものです。

おそらく、原文の cart（荷馬車）を cat（猫）と見まちがえた瞬間、「ぬかるみに飲み込まれてパニック状態になった猫」のイメージが頭いっぱいに広がってそこから抜け出せなかったのかもしれません。

実際は「ぬかるみ（mud）にはまった荷馬車」のイメージで貫かれています。だからこのあとは「ぬかるみから一歩一歩足を抜き出すように〔前輪と後輪をぬかるみから抜け出させるイメージ〕、不揃いな足取りを繰り返しながら前進した〔ぬかるみの中を前に進むイメージ〕」となるわけです。いずれにせよ、以上は、名詞にかかわる単語の取り違えに加え、単語を辞書で確かめなかったことが原因です。

自信が持てない単語や言い回しはしっかり辞書で調べることです。たとえ知っている単語でも必ず辞書で確認するよう努めましょう。翻訳の基本的心得です。

③ おたかくとまったこの冷酷な将校は、口汚いことばを下にいる人間に平気で投げつけるが、それは、てめえが死んでからにした方がよっぽどましだろう

●解説● この epithets は、「個人あるいは集団に向けて用いる侮辱的な言葉づかい（an offensive word or phrase that is used about a person or group of people）」（OALD）という意味です。アメリカ語法という説明があります。つまり、これは「ののしり言葉、悪口雑言」のことです。

なぜ「あだ名」ではいけないかというと、この将校が兵士集団あるいは兵の誰かに向けて「あだ名」で呼ばわるというような件りがこの小説には一切ないからです。文脈上から見ても、epithets を「あだ名」と翻訳するのには、無理があります。

④ 金管楽器を三つ連ねたような声／金管楽器を三つ持ち寄ったような声

●解説● この brass を「真鍮」としたのが誤訳。これは「金管楽器」のことで、ほとんどの辞書に出ています。簡便な英々辞典でも、brass = brass instruments（POD）とあります。

この件りで、「真鍮を三枚張ったようなよく響く声」とはどんな声だろう、と誰しも読みが止まるのではないでしょうか。となると、もう誤魔化しが利かなくなります。翻訳していて、自分でもおかしいな、と思ったら、辞書に手をのばす癖をつけましょう。

⑤ このような新たな突然の敵襲を受けて、兵士たちは自分たちが溝掘り人ども呼ばわりされたことを思い起こしたろう

●解説● この mud digger は mule driver と混同されています。弘法も筆の誤り、でしょうか。この次の段落に、「『らば追いども』とはじめは呼んで、そのあと『溝掘り人ども』呼ばわりをした将校（the officer who had said "mule drivers," and later "mud diggers"）」という件りが出てきますので、理解に苦しみます。まさか、という誤訳です。

この mud digger とは「溝を掘る労働者（a laborer who digs ditches）」で、ditch digger と同義です。ただ、ditch digger には「（特に自由的判断を必要としない仕事に従事する）肉体労働者、重労働者」（『ランダムハウス英和大辞典第２版』）の意味があることから、「塹壕掘りの肉体労働にしか向かない連中」という意味合いを暗に含めたことばだと考えていいでしょう。誤魔化しの利かぬ誤訳です。

ほかにも、おや、と思う部分がありますので、最後に、引用文の大体の意味を示しておきます。

　　こういう北軍の兵士たちは、元気を奮い起こして来るべき大戦闘に備えた。食いしばった歯だけが、汚れて黒ずんだ顔にひときわ白く輝いて見えることが多かった。たくさんの頭があちこちに押し寄せて、青白い硝煙の海のなかに浮かんでいた。柵の背後にいる敵どもは、再三、大声を上げてこちらを侮辱し、あざけっていたが、連隊はイライラしながらも沈黙を守りとおしている。ひょっとすると、このような新たな突然の敵襲を受けて、兵士たちは自分たちが溝掘り人ども呼ばわりされたことを思いだしたことだろう。さればこそ、この戦況にひときわ苦々しい思いをさせられているのだ。みな、息を殺し、心の中で、この陣地を守り抜いてあの歓喜する敵軍を押し返してやるぞ、とただ一心に思っていた。

ここで蛇足を一つ。訳文の時制は、たとえ原文が過去であっても、現在時制をまぜて訳して差し支えありません。上記の訳がそうです。不自然さは感じられないでしょう。

　翻訳では、原文の時制のみで通したら、かえって単調になります。こういう時は、臨機応変に訳文の時制を処理することも大切です。臨場感が生まれます。これも翻訳の技法の一つ。

助動詞を あまく見るな

10章

本章のテーマ

　助動詞が自由に使いこなせたり、助動詞のニュアンスが明確に分かっている人は、英語の達人の域に達していると言っていいでしょう。助動詞といえば、will、would、can、could、shall、should など色々と浮かんできます。こういう助動詞は、法助動詞とも呼ばれ、「話者の心的態度を表す」機能があります。

　たとえば You can say that again. という日常会話の表現があります。この can を「～できる」だから「あなたはそれをもう一度言うことができます」と言われているのだと理解したら、間違いですね。これは相手の発言に感心したときのことばで「いいこと言いますね」と言っているのです。または相手の発言に賛同して「あなたのおっしゃるとおりです」と言っている。ちなみに発音は、that に強勢が置かれます。

　いったいに助動詞は使い方が多様で、微妙なニュアンスまで含んでいます。助動詞はそういう表情ゆたかな面がありますので、甘く見ては大変なことになります。

　当たり前のような表情をした助動詞に深い意味がこめられていることをつかみ取る。それが本章のテーマです。

例題にチャレンジ

先ず、助動詞に注意して、次の英文を翻訳してみましょう。

> I'll give you Lesson 10 as homework.　You can do it by yourselves, everybody.

●解説●　この I'll の will という助動詞は今この場で決めた話者の意向を示すもので「よし、～することにしよう」という意味です。（これについては be going to と will を比べて、あとでもう少し詳しく説明します。）

　二番目の文中の can は You can do～という形で使われていますが「～せよ」という意味です。「命令や指示」を表す can です。

> 解答　第10課は宿題にします。自分でやりなさいよ、みなさん。

翻訳実践にチャレンジ

では問題です。上記の例を参考にして、個別に問いがあればそれに従い、各英文の翻訳に挑戦してみましょう。

1 I could meet the prime minister.

> 解答　　　　　　　　　　　　　　　　　　　　　　　　　　　　

● 解説 ●　おそらく大多数の人は「私は首相に会うことができました」と訳されたのではないでしょうか。そう言いたいなら I was able to meet the prime minister. と表現するといいでしょう。確かにそのように訳せないわけではありません。でもそういう文脈でこの表現が使われる確率は30％以下です。ということは7割はそういう使い方がされていないわけです。

be able to = can だからといって was（／were）able to = could となるかというと、通常、そうはなりません。この could はかなり特殊な用法で「～できるであろう」という意味で、「仮定法の用法」だと考えていいでしょう。

ところが、could not や couldn't となると話は違います。could が not で否定された I couldn't meet the prime minister. は I was unable to meet the prime minister.（首相に会うことができなかった）という意味になり、単に「can が not で否定された過去時制の表現」になることが多いのです。

そうは言うものの、百パーセントそうだというわけでもありません。たとえば I couldn't agree with you more.（まったくあなたのおっしゃることに賛成です）とか I couldn't care less.（まるで関心がありません）という口語表現は、ついさっき説明した could と同じく「仮定法の用法」なのです。事例はそう多くはないのですが。

このように前後の文脈によって、could や couldn't はその趣をガラリと変える助動詞なので注意が必要です。

> 解答例　私だったら首相に会うことができるでしょう。

10章 助動詞をあまく見るな

2 Accidents will happen.

× 事故が起こるであろう。

解答 _____

●解説● これはよく目にする諺です。この will は「事物本来の傾向・習性・必然性」を表す助動詞で、「よくするものだ」という意味です。

ほかにも Boys will be boys.（男の子にいたずらはつきものだ）とか Ice will not burn.（氷はどうしても燃えないものだ）などの例があります。

解答例 どうしても事故は起きるものだ。

3 People will talk.

× 人は話すでしょう。

解答 _____

●解説● この will は強い「主張・固執」を表します。発音するときは will を強く発音します。「どうしても～しようとする」という意味です。

ほかに This door will not open.（この戸はどうしても開かない）なども同じ部類の用法です。

解答例 人の口に戸は立てられぬ。

4 助動詞の違いに注意して、以下の疑問文二つを翻訳してください。

a. May I use your computer?

解答 _____

b. Might I use your computer?

解答 _____

●解説● この may は「許可・許容」を表し、相手の権限を問う may です。Can を使った場合よりも丁寧です。

いっぽう b. の might は may を使った場合よりも控え目な表現で、「もし差し支えなければ」という気持ちが盛り込まれています。

解答例 a. コンピュータを使っていいですか。
　　　　 b.（お差し支えなければ）コンピュータを使ってもよろしいでしょうか。

5 同じ助動詞でも用法が違う would が使われています。翻訳してみましょう。

a. I said I would do anything Beth told me.

解答 _____

b. I would go to the jetty for fishing in my boyhood.

解答 _____

●解説● ここで a. は、時制の一致で、「will の過去形としての would」が使われているだけです。この will は主語の「意志」または「単純未来」を表します。「～しよう」とか「～するだろう」という意味になります。

いっぽう、b. は「過去の習慣」を表すという点では used to と同じ。でも、would は「行為」についてだけ用います。「よく～したものだった」という意味に翻訳すれば正解です。

ここで蛇足を一つ。would は「行為」についてだけ使いますが、used to は過去の「行為」と「状態」の両方に使えます。

解答例 a. ベスの言うことなら何でもするよ、と言ってやりました。
　　　　 b. 少年時代によく桟橋に釣りに行ったものでした。

6　would に注意して二番目の英文を翻訳してください。

You're totally into language learning. I would take a crash course in English.

　　言語学習にすっかりのめり込んでおいでですね。(　　　　　　　　)

解答　_____

●解説●　この would は「仮定法の would」で、「私があなただったら、～するところだ」という意味で使われます。
　すでに述べた I could meet the prime minister. の could と少し似かよった「仮定法」の would です。こういう仮定法は would や could の前の部分を動詞化して仮定法ことばで表現するとうまく翻訳できます。つまり、I would～は「私だったら～でしょう」というふうに翻訳するわけです。

解答例　私だったら英語の特訓コースを受けますけどね。

7　"People should go home if they're not feeling well."
　　"I couldn't agree with you more."

　　「体調が悪いのなら家に帰ればいいんだよ。」
　　「(　　　　　　　　　　　)」

解答　_____

●解説●　ふつう couldn't は「過去に起こったことの否定」に使われるのがほとんどです。ところが、ここでは「仮定法」として couldn't が使われているという珍しい例です。
　「この私としてはこれ以上あなたのおっしゃることに賛成しようとしてもできないでしょう」という意味の口語表現です。つまり、I agree with you 120%. という気持を仮定法で言い表したもので「まったくおっしゃるとおりです」という意味になります。

解答例　おっしゃるとおりです。

8 二番目の英文を翻訳してください。

"Boy, that was an exciting game."
"You can say that again."

「まあ、これは、わくわくする試合だったね。」
「(　　　　　　　　　)」

解答　_____

● 解説 ●　ほかに You said it. や You're telling me. や Definitely. という表現もありますが、You can say that again. は「いいことを言いますね」という相手への賞賛をこめた同意を示す表現です。

解答例〉　まさにそのとおりだね。

9 can と will の違いに注意して次の二文を翻訳してください。

a. Can you come to my house at 6 p.m.?

解答　_____

b. Will you come to my house at 6 p.m.?

解答　_____

● 解説 ●　a. は、「いささか命令調」の表現です。b. もいささか命令調でニュアンスの差はほとんどないけれども、can の場合よりわずかに丁寧です。

　蛇足ですが、Please come to my house at 6 p.m. と Please を使うと a. や b. よりもいっそう丁寧になります。「夕方6時にわが家に、どうぞ来てください」という意味で、Please を使うことで「依頼」の気持が強く打ち出せます。

解答例〉　a. 夕方6時にわが家に来てくれますか。
　　　　　b. 夕方6時にわが家に来てくれませんか。

10 be going to と will の違いに注意して次の二つの文を翻訳してください。

a. We're going to play baseball.

> 解答 ▶ _____

b. We'll play baseball.

> 解答 ▶ _____

● 解説 ● 高校入試用に be going to = will だと覚えた人も多いことでしょう。ここで be going to を助動詞句と見なすことにして説明しますと、次のようになります。

この be going to は「〜するつもりである」「〜しようと思っている」の意味です。さらに重要なことは、「あらかじめ考えられていた意志を表す」ということです。したがって、**We're going to play baseball.** は「今よりもずっと以前から野球をしようというつもりでいる」という意味を翻訳に出せばよいのです。

逆に、**will** は「現在この時点で行った意志決定」を表す助動詞です。だから「よし、じゃ、〜することにしよう」という今の時点で決意したことを示します。それを翻訳文で表現すればいいのです。

このように一見同じに思える be going to と will にも微妙なニュアンスの違いがありますので、翻訳する上では助動詞の含蓄にも注意しましょう。

> 解答例 ▶ a. 野球をすることにしてありますよね。
> b. よし、じゃ野球をしよう。

さて、いかがでしたでしょうか。助動詞には一筋縄では行かないところがあります。辞書や文法書などじっくり納得のいくまで読み込むようにしましょう。

　その際に、意外に役立つのが、中学や高校低学年向けの英和辞典です。こういう辞書は、学習事項をしぼり、英語の基礎を学ぶ段階の学習者を想定して作られています。

　それゆえ、これだけは基本中の基本という事項がきちんとおさえてあるので、重要な情報が一読して分かる。説明も簡潔です。

　この手の英和辞典は、分厚くて詳細すぎる辞書よりは、調べものをするには、かえって効率がいいのです。また、知りたい事柄にすぐヒットする確立も高い。

　ただし、低学年や初級レベル向けの辞典がすべてそうだというわけではありません。実際に店頭で手に取って、必要事項が載っている項目を自分で調べてみるとよいでしょう。初級者向けだからといって決してあなどれない辞書もたしかにあります。そういう立派な辞書にめぐり会えたら、調べものをするとき重宝すること請け合いです。

　では最後に、これまで学んだ事柄を次の問題で確認してみましょう。

確認テストにチャレンジ

今までの練習を参考にして、個別に問いがあればそれに従い、各英文の翻訳に取り組んでみましょう。

❶ You had better get as much sleep as possible if you come home exhausted.

解答＿＿＿＿＿＿＿＿＿＿＿＿＿＿＿＿＿＿＿＿＿＿＿＿＿＿＿

❷ Can't you take a joke?　　◆冗談を真に受けて腹を立てた人間に対して。

解答＿＿＿＿＿＿＿＿＿＿＿＿＿＿＿＿＿＿＿＿＿＿＿＿＿＿＿

❸ 次の英文の下線部を翻訳してください。
They announced: "<u>You can go.</u> You are too old and infirm for our purposes."　　（Sarah Lyall, IHT 27／5／08）

解答＿＿＿＿＿＿＿＿＿＿＿＿＿＿＿＿＿＿＿＿＿＿＿＿＿＿＿

❹ Just keep your eyes on the road. We could have crashed into the back of that parked car.　　◆運転中の夫に妻が。

解答＿＿＿＿＿＿＿＿＿＿＿＿＿＿＿＿＿＿＿＿＿＿＿＿＿＿＿

❺ When I returned from a visit to the bathroom, you must have noticed my zipper was open.

解答＿＿＿＿＿＿＿＿＿＿＿＿＿＿＿＿＿＿＿＿＿＿＿＿＿＿＿

「確認テストにチャレンジ」の解答と解説

❶ 疲れ果てて帰った時はできるだけ十分な睡眠を取りなさい。

●解説● このように had better の主語に二人称 (you) がくる場合、「〜しなさい、〜すべきである」という意味になります。それゆえ、目下に対して用いるのが通例で、目上に対しては使いません。不作法で失礼になるからです。

なぜそうなるかというと、二人称主語をとる「had better は人に向かって忠告や警告ないし脅迫をしようとするとき、あるいは物事はこうあるべきだという意見を述べるときに使う（You use "had better" or "'d better" when you are advising, warning, or threatening someone, or expressing an opinion about what should happen.）」（『コウビルド英英辞典』）ものだからです。

もし社長に向かってこういう口の利き方をすればクビになりかねません。この had better を二人称主語でつかう場合は、とくに注意しましょう。

❷ 冗談に腹を立てるやつがあるか。

●解説● これは、冗談を真に受けて立腹した相手に、「冗談を受け入れることができる人間であってほしい」という意味の要請をすることばです。

この can't は疑問文で使われています。「can't を疑問文で使うのは、誰かが何かをするよう強く要請する目的があってのこと（You use "can't" in questions in order to request strongly that someone does something.）」（『コウビルド英英辞典』）です。

それゆえ、「おいおい、冗談を真に受けるやつがあるか」など、いま述べた意味を踏まえた翻訳であれば、すべて正解です。

❸ 行け。

●解説● この can は、「命令」を表す助動詞です。全体の意味は、こうです。「その連中は告げた。『行け。お前は年くいすぎて、ろくすっぽ体も動かんから、俺たちの役には立たんのだ。』」

この can は、「話しことば」で用いる場合、「誰かが何かをしろと命令するのに用いる、それもたいてい怒っているときに用いる（["can" is] used to say that somebody must do something, usually when you are angry.)」（『コウビルド英英辞典』）とされる can です。
　したがって、「行くことができる」は×、「行ってもよい」は△、「行け」が正解。

❹ 前を見て運転してよ。ひょっとしたら、あの止まっていた車の後ろに衝突したかもしれないでしょ。

　●解説●　この「could ＋ 完了形」は、過去の事柄に関する可能性を表し、実際にその事柄が発生しなかった場合を述べる助動詞の用法です。
　だいたいの意味は、こうなります。「前を見て運転してくださいな。もしさっきのような前方不注意だったらば、この車（we）は、あの止まっていた車の後部に衝突したという事態が起こり得たでしょうに（起こらなくてよかったわ）」という意味です。このように、過去に起こり得た事態の可能性を言い表すのに、助動詞 could が威力を発揮します。
　なお、keep one's eyes on the road は「道路に注意の目を釘付けにする」というのが元々の意味です。この原義が分かるかどうかは、英語力の問題。あと、どう翻訳するかは、国語力の問題ということになります。

❺ 私がトイレに行って戻って来たとき、私のズボンのチャックが開いていることにきっと気づいていたんですね。

　●解説●　この「must ＋ 完了形」は、「過去の事柄に対する推定」（江川泰一郎『英文法解説』金子書房）を表し、「（過去において）〜したにちがいない」という意味になります。
　それにもう一つ、この英文で、「ズボンのチャックが開いていますよ」と you（あなた）がこのとき教えてくれたか否か。この点はいかがでしょうか。
　答えは、No（教えてくれなかった）です。ここまでの範囲の意をすべて含んだ助動詞表現がこの「must ＋ 完了形」です。

11章 意外に乏しい英語力

本章のテーマ

英語力にはかなり自信があるので翻訳なんてその気になれば簡単にこなせる、と考えておられる方も多いかもしれません。そこでご自身の英語力を見つめてもらおうというのがこの章の狙いです。

たとえば第一章でみたように、I'm a farmer. を「私は農夫です」としてはいけない。なぜなら farmer は「大農場の経営者」のことですから、明らかに誤訳です。

もう一つ例をあげましょう。次の英文を翻訳してみてください。

Advanced Western democracies have adopted the big-government policy since the 1950s.

この democracies を「民主主義」と翻訳した人がいたら、要注意です。democracy ではなく democracies と複数形になっている点に着目すべきでした。これは「民主主義を採っている<u>国々</u>」の意味です。

> 解答 　先進的西欧民主主義<u>諸国</u>では 1950 年代から大きな政府の政策を採ってきている。

正解が出せた人はお見事でした。

このような誰の目にも一見やさしそうな英語表現を訳してもらって、自分の英語力を改めて確認していただこうというのが本章のテーマです。

例題にチャレンジ

先ずは、次の英文を翻訳してみましょう。

What sign are you?

　　　　　　　◆ヒント: 返事は I'm an Aquarius. How about you? など。

　　×　あなたの合図は何ですか。

●解説● この sign は「十二宮のうちのどれか一つ」という意味です。「身振り、合図」という意味ではありません。したがって、ヒントのように「水瓶座ですが、あなたは何ですか」などと答えを返すわけです。

わが国では血液型によって人の性格を判断する傾向があるようですが、英語国では血液型にはほとんど何の意味もありません。輸血するわけでもないのに、どうして、という疑念を抱かれます。英語国では星座で占うのが専らです。そこでこの問いが発されるというわけです。文化の違いです。

とはいえ、実は英語国の星占いの方にも何ら根拠はないのですが。

解答 何座の生まれですか。

翻訳実践にチャレンジ

では問題です。上記の例を参考にして、個別に問いがあればそれに従い、各英文の翻訳に挑戦してみましょう。

1 The room is nice and warm.

　　× この部屋はすてきでしかも暖かい。

解答

●解説● 前にも述べたとおり、nice and = nicely（ちょうどいい程度に）とか satisfactorily（申し分なく）という意味の成句です。

「warm と描写されている見地から見て満足がゆき申し分のない」というのが nice and warm です。この and は nice と warm の二つを同等に結び付ける and ではありません。

解答例 この部屋はいい具合に（ほどほどに）暖かい。

2 Keep playing it good and safe.

解答

●解説● この good and は、completely（十分に）という意味の成句

です。さらに play it safe も成句で「安全策をとる、安全第一でいく」という意味です。

両方の意味を汲み取った翻訳ができていれば正解です。

解答例　くれぐれもずっと安全第一でいくんですよ。

3 The salmon steak was a meal and a half.

解答

● 解説 ●　この a〜 and a half は「通常の〜よりもすごく大きい」の意味をもつ成句です。したがって a meal and a half は「すごい量の一食分、どえらい量の一食分」と翻訳できます。

ですから a meal and a half は「一食半」という意味で言っているのではありません。たとえば a job and a half なら「どえらい分量の仕事」という意味になります。

解答例　サーモン・ステーキは一食分がどえらい量だった。

4 Can Islam and the Western democracies live together peacefully?

解答

● 解説 ●　この Islam and the Western democracies を「イスラムと西欧民主主義」と訳したら間違いです。Islam はイスラム文化圏全体を指しますので「イスラム世界」と訳しますし、democracies は democracy（民主主義国家）の複数形で「民主主義を標榜する国々」を意味します。「民主主義」ではありません。

たとえば the analysis of 13 Western democracies なら「西欧民主主義諸国十三カ国の分析」と翻訳します。この問題は、本章のテーマですでに言及しましたから、正解が出せたことでしょう。

解答例　イスラム世界と西欧民主主義諸国は平和共存ができるであろうか。

5　The doctor asked me if I saw stars when I fell, and I told her no.

　解答　_____

●解説●　この saw stars を「星を見た」とか「(映画やテレビの)スターを見た」とするのは誤訳です。「目から火が出た」とか「目がくらんだ」というのが正しい。

　もちろん文脈によっては「落ちたときちょうど満天の星空であったのでそれがよく見えた」という場合も可能性としてはゼロではないかもしれません。でも、これはやはり saw light before my eyes as a result of a blow on the head（頭を打って目から火が出た）というのが順当な翻訳です。

　解答例　下に落ちたとき目から火が出ましたか、とお医者に聞かれたので、ぼくは、いいえ、と答えた。

6　The penny has dropped.

　解答　_____

●解説●　この The penny has dropped. は「ようやく意味がのみこめて合点がいった」というときに使います。

　これは「自動販売機に硬貨を入れたところ引っ掛かって往生したが、急に作動してうまくいった」というような自販機に関する表現が語源になったと言われています。英国の口語表現です。

　解答例　やっと分かった（意味がやっと理解できた）。

7　Do you have a family?

　解答　_____

●解説● ほとんどの人が「家族はありますか」と訳したのではないでしょうか。不正解です。

これは Have you got any family?（お子さんはいらっしゃいますか）と言うのと同じ意味です。ところが、family は「家族」だと信じ切っている人が意外と多いのかも知れません。この a family には a child や children の意味があって「（一家の）子供（たち）」と理解すべきです。

たとえば start a family とは「子（供）をつくる」の意味で have a child と同義です。辞書をよく引いた人は正解に辿り着けたことでしょう。

> 解答例　お宅にはお子さまはおありですか。／お子さんはいらっしゃいますか。

8　日本に住むアメリカ人が言った次のことばを、違いに注意して、翻訳してください。

a. I think I'd better go home.

解答 _____

b. I think I'd better go back home.

解答 _____

●解説● この go home は「（いま住んでいる処へ）帰宅する」という意味です。もう一方の go back home は「（自国を離れている者が）自国の故郷の家に帰る」という意味になります。通常 back のあるなしで違いが出ます。

go home の home は「いま住んでいる処へ（to the place where I live）」ということです。これに back が入り込むと、back は「元々いた場所へ（to a place previously left or a former location）」という意味を帯びますので「本国へ帰る」という意味が出ます。よって British soldiers should go back home, both from Afghanistan and Iraq.（英国の兵士は故国に帰るべきだ、アフガニスタンからもイラクからも。）のように使います。

もちろん Several days after the hurricane, he was told that he

could go back home.（ハリケーンから数日後、彼は帰宅したければ帰宅してもよいと言われた。）のように国内から国内の家に帰る場合に使われることも時たまありますので、文脈には注意して誤訳のないようにしましょう。

> 解答例 a. もう帰宅した方がよさそうです。
>   b. もう帰国した方がよさそうです。

9　Everybody found her very disappointing.

解答　_____

●解説●　この disappointing を disappointed と取り違えると「みんなは彼女がとてもがっかりしているのが分かった」と訳してしまいます。これは誤訳です。

　この disappointing は他動詞 disappoint の「（期待など）を裏切る」という意味を保持していますので、「期待外れだ、案外つまらない、人を失望させる」という意味になります。ちなみに、be disappointed は「失望している、がっかりしている」の意ですので、混同しないようにしましょう。

> 解答例　みんなにとって彼女はまったくの期待はずれだった。

10　I'll get you up to speed later.

解答　_____

●解説●　この get you up to speed を「あなたをスピードアップして差し上げる」などとすると何のことだか分かりません。get you up to speed は bring you up to speed と同じで、「最新の正確な情報ないし知識をあなたが持つ状態にしてあげる」という意味です。

　この場合の speed は、車や仕事のスピードではなく、情報や知識などが日進月歩する世の中のスピードのことを言っています。

> 解答例　あとで最新の情報を教えてあげます。

さて、本章の正解率はいかがでしたか。何も見ずに半分以上が解けたならかなりの英語力がある人です。

　ともあれ、翻訳という作業は、同時通訳とちがって、何を見てもいいし、時間をかけて調べることがゆるされます。種々の辞書や資料を総動員して事に当たる作業です。ですから、手抜きや横着をしない限り、たっぷり時間をかけて調べれば正解に肉薄できるはずです。

　乏しい英語力はそうすることで解消できます。この作業を持続していくと、調べるという学習活動の積み重ねで英語がめきめき上達するという副次的効果も期待できます。

　では最後に、これまで学んだ事柄を次の問題で確認してみましょう。

確認テストにチャレンジ

今までの練習を参考にして、個別に問いがあればそれに従い、各英文の翻訳に取り組んでみましょう。

❶ Where did JFK stand among the presidents of the United States?

解答▶ _____

❷ 次の英文は和英辞典から採った文例です。和文どおりの意味になるよう英文を一箇所修正してください。

He makes the best of the excellent location to do business.

彼は地の利を十二分に生かして商売をしている。

解答▶ _____

❸ 次の英文の下線部を翻訳してください。

Now let's pick up where we left off last week. <u>Where were we?</u>
◆ 教壇で先生が。

解答▶ _____

❹ Earth to Lisa, Earth to Lisa, do you read me?
◆ 職場などでボーッとしている同僚に向かって。

解答▶ _____

❺ 次の二つの英文を翻訳してください。なお、↗は上昇調のイントネーション、↘は下降調のイントネーションを示しています。

a. What time is it now? ↗

解答 ▶ _____

b. Are you free in the afternoon on Thursday↗ or Friday? ↗

解答 ▶ _____

「確認テストにチャレンジ」の解答と解説

❶ ジョン F. ケネディは第何代目のアメリカ大統領でしたか。

●解説● 英語の疑問詞には、who、what、where、when、why、which、how などがありますが、しかし、「第何番目」という順序を表す疑問詞はない。ですから、問題文のような聞き方をするしか手がないのです。ほかに、What number president of the United States was JFK? という表現も可能です。これが、この文の翻訳の第一のポイント。

　もう一つのポイントは、もちろん、調べれば分かることですが、JFK とくれば誰だかすぐ分かるかどうか。こういう三文字のイニシャルだけで表示されるアメリカ大統領は、このジョン F. ケネディと FDR（フランクリン・デラーノ・ローズベルト）だけです。この二人のアメリカ大統領にかぎって、JFK、FDR だけで通じる特例です。

❷ He makes the most of～とする。

●解説● これは make the best of と make the most of の違いが分かっているかどうかの問題です。make the best of は、「不十分な状況を甘んじて受け入れ、この不利な状況を最大限うまく利用しようとする（you accept an unsatisfactory situation cheerfully and try to manage as well as you can）」（『コウビルド英英辞典』）ことをいいます。

　たとえば、Make the best of the uncertain weather today because it's going to rain tomorrow.（今日の当てにならない天気を最大限利用しなさい。あした雨が降ることになっているから）のように使います。

　そして一方、make the most of は「好条件を最大限に利用する、活かす」ことです。したがって、問題の英文は、「地の利」があって好条件の下で商売をしている、とありますから、これは He makes the most of～とするのが正解。

❸ どこまで進んでいたんだっけ。

●解説● これは授業などでクラスのみんなに、先週は教科書はどこまでやっていたんだっけ、などと先生が聞くときの決まり文句です。前の英文（Now let's pick up where we left off last week.）は、「さあ、先週中断したところからまた始めましょう。」という意味。

余談ですが、授業で脱線してほかの話に熱中するあまり、話題を忘れた時など、先生が、Now, where was I?（あ、何の話だっけ）などおっしゃるのも、この類いです。

❹ リサ、リサ、聞こえますか／聞いていますか。

●解説● この元は、「こちら地球から、そちら宇宙船のリサへ、地球からリサへ、聞こえますか」という地球から宇宙への通信に使う呼びかけのことばです。

職場の机でリサが、周囲のことなどすべて忘れて、何もかもおかまいなしにボーッとしている、とします。すると、こういう状態を英語国では、Lisa is spaced out. のように描写します。つまり、そういうリサに対し、からかい半分に、地球と宇宙の間の通信に事寄せて、呼びかけている、というわけです。

もう一つ、Do you read me? も無線用語で、意味は Do you copy? と同じく、「聞こえますか」という発信。無線でこう呼びかけられたら、I read you loud and clear.（受信状態は大変良好です）とか、Read you loud and clear.（はっきり聞こえています）などと、応答します。

余談ですが、無線用語で Read back. は「復唱しろ」という意味で、ほかに、see、Yes、No はそれぞれ in sight、Affirmative、Negative と言います。日常表現に無線用語から入ってきた表現は、野球用語ほど多くはありませんが、その一例が loud and clear です。

そこで、例をもう一つ。I've got your point loud and clear.（おっしゃる要点がはっきりと分かりました）などと言い、ビジネスでも使われます。

❺ a. いま何時かって、おっしゃったんですか／お聞きになったのですか。

b. 木曜とか金曜あたりの午後はお暇ですか。

●解説● この a. の文が上昇調のイントネーションで言われると、相手がいま言ったことばについて、「いま何時かって、お聞きになったのですか」と意味になります。相手がさきほど言った発言を確認する問いなのです。

逆に、What time is it now? ↘ と下降調のイントネーションになる場合は、中学生でも知っている「いま何時ですか」という時刻を聞く問いです。疑問詞で始まる疑問文の末尾を上昇調のイントネーションで言うなんて、あり得るのか、と思われた方もいるかもしれません。あるのです。

次の b. は、「木曜とか金曜あたりの午後はお暇ですか」という意味です。これは、水曜と木曜、あるいは木曜と金曜、あるいは金曜と土曜など、そこいら辺の曜日の午後、お暇ですか、という発問です。二者択一の問いではありません。

この場合「A ↗ or B ↗」と両方とも上昇調のイントネーションで言うことに注意してください。えっ、そんなのあり得るの、と驚かれたかもしれません。ちゃんとあるのです。

もし、これが、「A ↗ or B ↘」というタイプのイントネーションですと、「木曜か金曜の午後はお暇ですか」という意味で、二者択一の問いになります。これなら中学生でも知っています。イントネーション一つでこのように、意味内容に思わぬ変化があらわれます。

映画や音声テープの翻訳でないかぎり、このようなイントネーションが問題になることはあまりないかも知れませんが、正解が出せた方はかなりの英語力がおありと認定していいでしょう。おめでとうございます。

態を転換する訳の技法

12 章

本章のテーマ

英文が能動態なら訳文も能動態で訳し、逆に受動態なら訳文も受動態で訳す。翻訳はそうしなければならないのでしょうか。英文と和文の形状を合致させることが翻訳をする上での基本であり、最善の方法なのでしょうか。

さらに言うなら、句読点の数まで原文と同じにするという形状一致が最善の翻訳であるか、という疑問です。

その答えは否です。日本語と英語は似ても似つかぬ隔たりのある言語ですから、何から何まで翻訳に再現するのはもともと無理な相談と言っていいでしょう。

そもそも翻訳は、英語が読めない人のために英語を日本語にする行為です。だから英語を正確に読み取ってそれを達意のすっきりとした日本語で読み手に伝えればいいのです。構文や句読点にいたるまで瓜二つにすることでいびつな訳文にするよりは、日本語らしい日本語を読者に提供する方が重要です。日本の作家ならこう表現するというような立派な訳文で翻訳することです。

そういう日本語らしい訳文に仕上げるために態を転換するのも、翻訳の技法の一つとして時には許される、というのが本章のテーマです。

例題にチャレンジ

先ず次の英文を能動態で翻訳してみましょう。

America was discovered by Columbus.

　　△　アメリカはコロンブスによって発見された。

●解説●　下に示す解答は受動態で書かれた英文を、工夫をこらして、能動態で訳した見事な一例です。いつもこうしろというわけではありません。

しかし、前後の文脈次第ではこのように構文をすっかり転換して見事な訳文に仕立てることも必要な場合がある、という技法の一例です。

解答▶　アメリカはコロンブスが発見した。

翻訳実践にチャレンジ

では問題です。上記の例を参考にして、個別に問いがあればそれに従い、各英文の翻訳に挑戦してみましょう。

1 The doctor said to me, "Don't drink too much."

　　△　「あんまり酒は飲まないように」と医者は私に言った。

解答 _____

● 解説 ●　解答例のように訳さなければならぬというものではありません。でも、文脈によっては能動態を受動態にして翻訳したほうがよい場合もあります。

　特に話題の中心人物を強調したい場合とか、こうすると訳文が自然な日本語になる、という場合などには、敢えて態を転換して訳すのも一つの便法となります。

解答例　医者に言われましたよ、「あんまり酒はのまないように」って。

2 The doctor gave up on me.

解答 _____

● 解説 ●　これを「医者が私を見放した」と訳してももちろん誤訳ではありません。さらにまた、I was given up on by the doctor. の訳と同じ訳を当てても間違いではありません。

　要は、日本語の自然な文章となるように、文の流れにふさわしい訳し方をすればいいでしょう。ただ、ここでは態転換訳の練習なので「医者に見放された」が正解。

解答例　医者に見放された。

3. When I was 6, my father died on me.

　解答　_____

●解説●　これも「私が六歳のときに父が亡くなった」としても何ら不都合はありません。
　しかしながら、「私」を主語にして私の利害に結び付くような文章の流れであれば、「父に死なれた」という受動態に訳すといっそう臨場感や実感が沸きます。
　逆に「父」が話題の中心人物である場合にはその限りではないことになります。

　解答例　六歳のとき父に死なれた。

4. They drink wine in France.

　解答　_____

●解説●　この they は the French（フランス人）を意味しているので、「フランス人はワインを飲む」という意味です。だが、英国に行ってビールやウィスキー、日本に来て酒や焼酎を飲むフランス人もいます。だから、フランス人はワインだけしか飲まないわけではない。
　したがって、「フランス人は、フランスではワインを飲む」というのが正確な英文の意味だから、「フランスではワインが飲まれている」という翻訳が最もよい、という理屈にもなります。
　態を転換して訳した方がかえって正確な翻訳になるという事例です。キツネにつままれたようなレトリックに聞こえるかもしれませんが、本当です。

　解答例　フランスではワインが飲まれている。

5. Nearly 3,900 New Zealand troops were sent to fight in Vietnam; 37 were killed and 187 wounded. （IHT 29／5／08）

解答

● 解説 ●　問題の箇所を直訳すると、「37人が殺され、187人が傷を負わされた」となります。もちろん意味は通じますが、日本語として今一つしっくりこない。

　これを能動態に変換して訳すと、「37人が戦死し、187人が負傷した」となり、ぐっと日本語的になります。というより、日本語ではこういう言い方をする、というのが正しい。この場合、態転換せずしてうまい翻訳は出来ないと言っても過言ではないでしょう。

　余談として文法事項を一つ。A is B and C D. という公式が使われているのが、37 were killed and 187 wounded. です。これは、A is B and C D. = A is B and C [is] D. と同じで、37 were killed and 187 [were] wounded. ということです。あれ、と戸惑った方があるといけないので、余計な文法の基本を申し添えておきます。

解答例　約3,900人のニュージーランド兵士がベトナムに送られて戦った。そのうち37人が戦死し、187人が負傷した。

6. Alaska has some of the most beautiful sights to be seen.

解答

● 解説 ●　この to be seen はそのまま受動態で「見られるべき」と訳したらおかしな日本語になってしまいます。それならいっそ訳さずにおく方がすっきりとした翻訳になります。

　態を変えて「見るべき名所」とするか「必見の名所」とするほかないという用例の一つです。

解答例　アラスカにはとても美しい見るべき名所がいくつかあります。

7 I understand that Jack doesn't want to catch my cold.

◆ Jack の側に風邪をうつされそうだという懸念がある場合。

解答

● 解説 ●　これは Jack に被害者意識がある文脈から採った英文です。
　能動態で訳すなら、「ジャックは私から風邪をもらいたくないと思っている」という訳になります。これでもあまり不自然さはないでしょう。
　でも Jack が風邪をうつされるという被害に遭いたくないと思っている場合は、「風邪をうつされたくない」というふうに、はっきりと受動態に訳せば、すっきりと真意が伝わる翻訳となります。態転換という技法の一つです。

解答例》　ジャックが私から風邪をうつされたくないと思っていることは私だって分かっています。

8 They sell sugar by the pound.

解答

● 解説 ●　この they は「店の人たち」を指しており、「あの店の人たちは砂糖をポンド単位で販売している」という意味です。
　そもそもこの they は何かの組織や集団に属する人たちを総称して使う漠然とした代名詞です。つまり、総称的な代名詞ですから精密に訳出するには及びません。むしろ、砂糖がポンド単位で販売されている処に焦点があります。
　したがって、態変換をして受け身にして「砂糖はポンドいくらで売られている」などとすればよいわけです。

解答例》　砂糖はポンド単位で売られている。

9 They say only the United States consumes more energy than China.

解答

12章 態を転換する訳の技法

●解説● この they には話し手と聞き手は含まれません。いわゆる総称的代名詞の they であり、they say は it is said (that) と置きかえることが可能です。

だからというわけではありませんが、they say を「〜だと言われている」と訳すとしっくりした日本語になります。態転換訳がかえってぴったりの日本語になります。

> 解答例 合衆国だけが中国よりも多くのエネルギーを消費していると言われている。

10 As they say, "When in Rome, do as the Romans do."

> 解答　_____

●解説● この as they say は「諺にいうように」とか「世間で言うように」の意味で使われ、そう訳してもかまいません。

ただ、この章では態を転換して訳すことを念頭においていますので、「よく言われるように」という態転換訳を正解とします。

> 解答例 よく言われるように、「郷に入っては郷に従え」である。

では最後に、これまで学んだ事柄を次の問題で確認してみましょう。

確認テストにチャレンジ

今までの練習を参考にして、個別に問いがあればそれに従い、各英文の翻訳に取り組んでみましょう。

❶ Yes, I did get some strange looks from passing cars.

◆ 合衆国をスケボで横断した青年のことば。

解答 ＿＿＿＿＿＿＿＿＿＿＿＿＿＿＿＿＿＿＿＿＿＿＿＿＿＿＿＿

❷ You took the words right out of my mouth.

△ 君が先に言ったので言うことがなくなった。　　（能動態の翻訳）

△ あなたは私の口からそのことばをそっくり持って行った。

（能動態の原義）

解答 ＿＿＿＿＿＿＿＿＿＿＿＿＿＿＿＿＿＿＿＿＿＿＿＿＿＿＿＿

❸ 次の英文三つを態転換して翻訳してください。

a. Dinner is usually bought from a local chippie, a fish-and-chip shop.　　（Sarah Lyall, IHT 13／3／07）

◆ chippie:（英話）fish and chips の店。

解答 ＿＿＿＿＿＿＿＿＿＿＿＿＿＿＿＿＿＿＿＿＿＿＿＿＿＿＿＿

b. This had better be left unsaid.

解答 ＿＿＿＿＿＿＿＿＿＿＿＿＿＿＿＿＿＿＿＿＿＿＿＿＿＿＿＿

c. My doctor told me to avoid eating fatty foods.

解答 ＿＿＿＿＿＿＿＿＿＿＿＿＿＿＿＿＿＿＿＿＿＿＿＿＿＿＿＿

12章 態を転換する訳の技法

❹ How would you like to be addressed?　　◆ 受動態を能動態に。

　解答 _____

❺ 次の英文の態を変換して、全文を「この映画は」で始まる文に翻訳してください。

This movie was directed by Elia Kazan.

　解答 _____

「確認テストにチャレンジ」の解答と解説

❶ そうそう、私は通り過ぎる車から実に変な目で見られることもあった。

●解説● この一文は、did get some strange looks の部分がポイントです。これは、got some strange looks の強調形で、did は get を強調するための助動詞です。このまま、能動態で訳せないことはありませんが、やはり、受動態に訳して「じつに変な目で見られる」とすれば、見事な翻訳に仕上がるというものです。

❷ 私が言いたいことを言われてしまいました。

●解説● これは何の変哲もない話しことばですが、能動態では訳しづらい。受動態に変えればしっくりした日本語になるという一例です。

逆に、If done by you, it could have been much better. のような文は、受動態では訳しづらい。この場合は、「あなたがやっていたら、もっともっと上手くできたでしょうに。」というふうに能動態に変えて訳した方がよくなります。臨機応変に態を転換するのも、翻訳のコツと言えそうです。

❸ a. 夕食は、いつも地元の店でフィッシュ・アンド・チップスを買ってすます。
b. これは言わないでおいた方がよかろう。
c. かかりつけのお医者に脂っこいものは食べないように言われた。

●解説● この a. のような受動態で、buy という動作の主体（「by＋人」の「人」）が表現されていない場合は、them とか us など一般的な多数の人々を指しているからです。つまり、動作の主は、前の文章ですでに述べた人物たちを指すと分かるので、その人たち（they や we）が夕食はどうしているか、それを述べるための一文と考えていいのです。

意味は、「夕食はふだん買っている状態である」という状態を表しています。受け身という形でありながら、状態を表しているので、これは「状態の受け身」と呼ばれたりもします。

次の b. も a. と同じで、leave という動詞の主体が表現されていませんが、

12 章 態を転換する訳の技法

その主体が誰であるかは前後の文脈で分かるのでこうなります。訳すときは、主語を省いたまま、受動態を能動態に変えて翻訳すると自然な日本語になります。

　最後の c. は、told me という能動態を受動態で翻訳したもの。訳も原文どおり能動態で訳すと、「かかりつけの医者は私に〜するよう言った」という英文和訳的な文章にしかなりません。文脈にかなった達意の日本語に置き換えられるならば、態の変換も厭わず、というのも一つの翻訳の技法です。

❹ 何とお呼びしたらいいでしょうか。

● 解説 ●　初対面の上司や社長に向かって聞く問いがこれです。この表現は受動態であり、「あなた様はどう呼ばれたいとお思いですか」という意味です。これをきっぱり、「何とお呼びしたらいいでしょうか」と能動態に翻訳してしまいます。このほうが、かえって、すっきりとした日本語になります。

　その返事としては、"Ian" would be just fine.（「イアン」と呼んでください）とか Just call me "Meg."（メグと呼んでください）などがあります。そして、We're on a first-name basis here.（ここ［わが社］ではみなファースト・ネームで呼びあっています）と言われるかもしれません。

❺ この映画は、エリア・カザンが監督した。

● 解説 ●　この英文は、「この映画は」で始めよ、という指示がなければ、「エリア・カザンがこの映画を監督した」というような能動態の翻訳でかまいません。ただし、「この映画はエリア・カザンによって監督された」は、態転換訳ではないので、不正解。

　では、なぜそういう態を変換して翻訳するのでしょうか。理由の一つに、「by ＋ 人」と表記される受動態の文章は、「誰がそうしたのか by 以下で強調したい時に使う」という傾向があるからです。たとえば、America was discovered by Columbus. では、Columbus を強調したいという気持が強い。ですから、この一文（America was discovered by Columbus.）の前のパラグラフは、America のことが述べてあり、この一文のあとには Columbus のことが述べてあるパラグラフが続くはずです。この一文が、

153

前と後ろの二つのパラグラフをつなぐ接着剤あるいは蝶番（ちょうつがい）の役割を果たすことになります。

　むかし、(A) America was discovered by Columbus. =(B) Columbus discovered America. という書き換えを習ったと思いますが、七面倒臭いことをなぜやらされるんだろう、と疑問に思いませんでしたか。ちゃんと理由があるのです。(A) の場合は先ほど述べたとおり。逆に、(B) の文がくれば、前の段落には Columbus のことが述べてあり、このあとの段落には America のことが述べてあるはずです。話題の流れの順序によって、(A) か (B) のどちらかが使われる。文章の流れによって、(A) と (B) とが使い分けられるということになります。

　話を元に戻しましょう。英語では、「by＋人」という受動態の構文によって、by の直後の「人」を強調したい理由は、次のこの「人」についての話題を展開したいという意図があるからです。しかし、日本語に訳す場合は、英語と日本語は等号（＝）で結び付けられるような等価関係にはありません。ですから、翻訳文は、受動態を能動態にした方がいい場合もあれば、能動態を受動態に訳した方がいい場合もあるわけです。

　以上の理由で、受動態の文 (This movie was directed by Elia Kazan.) を、あえて、「この映画は、エリア・カザンが監督した。」と能動態に訳すことにより、映画の話からエリア・カザンに話題を転ずるという流れを訳文上でも作りだせるというわけです。

13章 品詞転換訳

本章のテーマ

　原文に形容詞が使われていれば、訳文も形容詞を当てるのが常道でしょうか。英語と日本語は1対1で等価に対応するような関係にはありません。ですから、原文と翻訳の間で品詞まで同じにすることは簡単なことではありません。もちろん、出来ないわけではありません。でも無理をする分だけ、表現の幅をせばめることにもなります。

　例を一つ示します。次の英文の形容詞句を名詞化して翻訳してください。

The jaguar is a <u>very good</u> hunter.

　これは very good という形容詞句を名詞に訳すものです。形容詞を名詞に転換することで、ひきしまった分かりやすい翻訳文が作りだせるという一例です。

　解答 　ジャガーは狩りの<u>名人</u>です。

　このように、使われている原文の品詞をほかの品詞に転換すると、原文の意味が伝わりやすくなります。英語が読めない人のために翻訳をするのです。当然、日本人作家が書くようなことばづかいに近づけるべきでしょう。文意を平明な日本語で伝えるには、品詞転換訳にすると的確な達意の日本語が得られることがよくあります。
　そういう品詞転換をして翻訳をする技法を実践的に学んでみようというのが本章のテーマです。

例題にチャレンジ

　先ず次の英文の名詞 failure を動詞化して翻訳してみましょう。

The king's <u>failure</u> to wield political power led to a breakdown of law and order.

●解説● この failure to 以下は名詞句で動詞 led to の主語になっています。この文の名詞を名詞としてそのまま直訳すると生硬な文章になります。たとえば、「国王の政治権力行使の失敗が法と秩序の崩壊を惹起した」という具合です。

こうした名詞をできる限り動詞化しますと「権力をふるいそこなった」とか「権力を行使しそこなった」といった比較的にやわらかな訳文に仕上がります。

つまり、いったん品詞をくずして他の品詞に置きかえることで一層わかりやすくてはっきりとした文体になるのです。そういう場合は、杓子定規になることなく、融通をきかせて品詞転換をするのも翻訳上ではむしろ好ましいことだと言えます。

解答▶ 　国王が政治権力を行使しそこなったために、法と秩序が崩壊していった。

翻訳実践にチャレンジ

では問題です。上記の例を参考にして、個別に問いがあればそれに従い、各英文の翻訳に挑戦してみましょう。

1 次の英文の形容詞 sleepless を副詞化して翻訳してください。

In the early dawn of the next day, Elizabeth left her sleepless bed.

△　翌日の早朝になると、エリザベスは眠れなかったベッドから起き出した。

解答▶ _____

●解説● この「眠れなかったベッド (a sleepless bed)」は英語に特有の表現です。日本語にはありません。ハリネズミのように針が突き出たベッドで一夜を明かした場合なら別でしょうが。この英語はそんなベッドを指してはいません。

こうなると日英語間で齟齬をきたしてしまいます。それを回避するためには形容詞 sleepless を副詞化して「一睡もしないままに」と訳すと平明な訳文ができあがります。これぞ品詞転換の技法です。

> **解答例** 翌日の早朝になると、エリザベスは<u>一睡もしないまま</u>ベッドから起き出した。

2 次の形容詞句 very good の部分を名詞化して翻訳してください。

His wife is a very good cook.

> **解答** _____

● **解説** ●　これは very good という形容詞句を名詞化して「達人」とする品詞転換訳の一例です。

　解答例は形容詞を名詞化した例ですが、これを動詞化するとすれば、be a very good cook は「飛び切り料理が上手である」とすればよいのです。いずれも品詞転換訳によって平明な日本語が生まれます。

　因みに、これが His wife is a good cook. であれば「料理が上手である」と訳せます。通例 cook と言っても職業人とは限りません。この点は be a good sailor が「船酔いしないたちである」という意味になるのと似ています。

> **解答例** 彼の奥さんは料理の達人（名人）です。

3 次の文の形容詞 another を副詞にかえて翻訳してください。

Today is another fine day.

> **解答** _____

● **解説** ●　この another は形容詞ですが、これを副詞に置きかえ品詞転換訳をすると「また、またしても、またもや」のような意味になります。

　もう一つ例を示しましょう。He has made another mistake. の文で形容詞 another を「またもや、また、またしても」と副詞に訳しますと、「あいつはまたもやしくじった」のように自然な日本語に仕上がります。

> **解答例** 今日も<u>また</u>晴れだ。

4 次の英文の副詞 reportedly を動詞化して翻訳してください。

In Bhutan, the peach trees are now reportedly in full bloom.

解答▶ _____

● 解説 ●　解答例のほかに、この reportedly を「〜だという、〜だそうだ」のように動詞化して翻訳しても正解です。

　もし副詞のまま翻訳するのであれば、「伝えられるところによると、報じられるところでは」といった副詞句を文頭に置く翻訳が可能です。

解答例▶　ブータンではいま桃の花が満開だと報じられている。

5 次の名詞句 a delay to the airplane を動詞化して翻訳してください。

In case of a delay to the airplane, we might need to change our schedule.

解答▶ _____

● 解説 ●　漢文調で「飛行機遅延の場合」と翻訳することも文脈次第ではあるかもしれません。でも普通は「飛行機が遅れたならば」とか「飛行機に遅れが出ると」などと名詞句を動詞化して翻訳すると平明な訳文になります。

　漢語に由来する名詞を多用しすぎると文章が漢文調になってしまいます。したがって「遅延」とはせずに「遅れる、遅れがでる」などと動詞化した訳文に直すと、分かりやすくてやわらかい文体になります。

解答例▶　飛行機が遅れた場合は、予定を変更する必要があるかもしれません。

6　次の every（あらゆる）という形容詞を副詞化して翻訳してください。

Every college in the country teaches the Constitution of Japan.

△　全国のあらゆる大学では日本国憲法を教えている。

解答　_____

●解説●　翻訳するときこの種の英語の形容詞は日本語では副詞に訳すとすっきりとした日本語になります。これは一種の公式といってもいいでしょう。

解答例　全国の大学では<u>どこでも</u>日本国憲法を教えている。

7　次の文中の形容詞 all を副詞化して翻訳してください。

All the money he earned was stolen.

△　彼が稼いだすべての金は盗まれた。

解答　_____

●解説●　この all は形容詞のままでは日本語も「すべての」となります。副詞に訳しますと「みんな、すべて、すっかり、そっくり」などという表現になります。

「すべての金は盗まれた」よりも「金はそっくり盗まれた」と訳したほうが自然な日本語の響きがでます。品詞転換訳が威力を発揮する事例です。

要するに、形容詞を副詞に転換するやり方は、一種の公式だといっても過言ではありません。少し例を示します。

（1）<u>All</u> orders can be shipped within a week after receiving your order.　　（現在<u>すべて</u>ご注文を頂戴してから1週間で発送が可能です。）

（2）There is <u>another</u> way to make up for the trouble you have caused.　（あなたが起こした問題の埋め合わせをする方法は<u>ほかにも</u>あります。）

（3）He spoke for a <u>solid</u> 90 minutes and then answered questions for <u>another</u> 45.

（彼は<u>丸々</u>90分しゃべり、その後、<u>もう</u>45分間、質問に答えた。）

　このように、英文中の形容詞はつとめて副詞に転換すると自然な日本語に翻訳できます。これは、公式だといっていい。

　もし原文の形容詞を訳文でも形容詞にすると、英文和訳的な日本語になってしまいます。形容詞を副詞に転換する訳出法もぜひ身につけてください。

解答例　彼が稼いだ金は、<u>みんな</u>盗まれた。

8　次の文中の形容詞 unfaithful を動詞化して翻訳してください。

All men in the village knew whether or not Lisa was unfaithful.

解答　_____

●解説●　この unfaithful は「不実な、不貞な」と形容詞的な訳をつけるよりも、「浮気をする、浮気をしている」とか「夫を裏切る、夫を裏切っている」というように動詞化した方が自然な日本語になります。

　この問題に関しては、形容詞を動詞化して訳すのが常道だと誰しも納得できると思います。

解答例　村の男たちはみなリサが浮気をしているかどうか知っていた。

9　次の文中の副詞 habitually を名詞化して翻訳してください。

He habitually asks questions that most other people don't ask.

解答　_____

●解説● この habitually は「いつも、きまって、常習的に」と訳される副詞です。たとえば「あの男はいつもほかのほとんどの人がしないような質問をする」と訳して何ら問題はありません。

そこを敢えて「いつも」という副詞に訳さず、「質問をする癖」という名詞に置きかえ、「〜をする癖がある」と翻訳します。このことで一段とひきしまった訳文ができ上がります。これも翻訳の一つの手です。

解答例> あの男はほかのほとんどの人がしないような**質問をする癖**がある。

10 次の文の冠詞 an を副詞にかえて翻訳してください。

An Indian man was arrested on suspicion of being a terrorist.

解答 _____

●解説● この an Indian man を、「一人の」と形容詞的に訳して、「一人のインド人男性が」とした人が多かったのではないでしょうか。これを「インド人男性が一人」というふうに副詞で訳すのがここでのポイントです。

たとえば I have a book. は「私は本を一冊もっている」と訳すのが本来の日本語です。でも、ほとんどのひとは、「私は一冊の本をもっている」と訳してしまうかもしれません。つまり、a book は「一冊の本」、two books は「二冊の本」で何が悪い、というわけでしょう。

こういう訳し方は明治や大正期に英語を教える術として定着した日本語で、昔は珍しい言い方でした。従って「一人のインド人男性が」という言い方は「何が彼女をそうさせたか」とかいう日本語と同様、本来は日本語になかったことばづかいです。

よってこの冠詞 an が表す意味を「〜が一人」と副詞として翻訳すれば、かえって本来の日本語に近い平明な訳に仕上がります。

解答例> **インド人男性が一人**、テロリストの容疑で逮捕されました。

では最後に、これまで学んだ事柄を次の問題で確認してみましょう。

確認テストにチャレンジ

今までの練習を参考にして、個別に問いがあればそれに従い、各英文の翻訳に取り組んでみましょう。

❶ 次の英文中の名詞 wealth を形容詞に転換し、全文を翻訳してください。

I was shocked to realize the wealth of knowledge and experience of ordinary people.

△ 私は一般人の知識と経験の豊富さに気づき、衝撃を受けた。

解答 _____

❷ 次の英文二つにみられる名詞 some を副詞句に転換し、全文を翻訳してください。

a. In dribs and drabs, some of the young people who have left the village are coming back.

× 村を出て行った何人かの若者が、ぽつりぽつり戻って来ている。

△ 村を出て行った若者の何人かが、ぽつりぽつり戻って来ている。

解答 _____

b. Some of the students were nodding off during the lecture.

△ 何人かの学生が、講義の間にこっくりこっくり居眠りをしていた。

△ 学生のうちの何人かが、講義の間にこっくりこっくり居眠りをしていた。

解答 _____

❸ 次の英文二つにみられる副詞を名詞に転換して、全文を翻訳してください。

a. The traditional carp streamers usually fly on May 5 for Children's Day.

△ ふつう伝統の鯉のぼりは、五月五日の子供の日にひるがえる。

解答＞ _____

b. Bean throwers usually cry out, "Oni wa soto (Out with evil)! Fuku wa uchi (In with fortune)!" during the ceremony of bean throwing.　(IHT 4／2／05)

△ 豆のまき手たちは、ふつう、節分の豆まきの儀式で「鬼は外、福は内」と叫ぶ。

解答＞ _____

❹ 次の文中の名詞 friendships を動詞化して、全文を翻訳してください。

Both men and women are capable of friendships with the opposite sex, but it is not unreasonable for one party to expect that the relationship will become more intimate, especially if that person has fallen in love.

(Annie's Mailbox, IHT 17／10／07)

解答＞ _____

❺ 次の文中の形容詞 off-the-cuff を副詞に転換し、全体を翻訳してください。

"Ken [Livingstone] has been in office for a long time, and he's initiated and sustained some unpopular policies. With Boris [Johnson], there is a lot of anti-Boris sentiment out there. He's made some very inappropriate off-the-cuff comments in the past."　(Sarah Lyall and Alan Cowell, IHT 3-4／5／08)

◆ ロンドン市長選挙を前にして聞いた市民の声。

解答＞ _____

「確認テストにチャレンジ」の解答と解説

❶ 私は一般人が<u>豊富</u>な知識と経験を持っていると分かり、衝撃を受けた。

●解説● このような文章は英文によく見られる構文です。類語辞典には wealth = richnessと出ており、the wealth of knowledge and experience of ordinary people は ordinary people were rich in knowledge and experience と解釈できます。つまり、He is rich in knowledge.（彼は知識が豊かだ）とか a person rich in experience（経験豊かな人）などのような rich と同じ。したがって、「豊かな知識と経験」というふうに、名詞を形容詞に転換することが可能です。ここに、名詞の形容詞転換訳が成立するわけです。

こういう名詞や名詞句を多用した英語の翻訳では、訳文もそのまま名詞で訳してしまうと「何々の何々」形式で、「〜の〜」を多用した読みづらい翻訳になってしまいます。それゆえ、この設問の答えのような、名詞の形容詞転換訳は、分かりやすい訳文を生み出すのに重宝する技法の一つとして覚えると便利です。しかも、正順で訳す方法にも叶っています。

❷ a. 村を出て行った若者が、<u>何人か</u>、ぽつりぽつり戻って来ている。

b. 学生の中には、<u>何人か</u>、講義の間にこっくりこっくり居眠りをしている者がいた。

●解説● この a. と b. の訳例で、△印はどれも誤訳という訳ではありません。×印の訳は、「村を出て行った何人かの若者が」全員戻って来ているととられるのでよくない。ここでのポイントは、主語として存在する名詞 some をあえて副詞句に転換して翻訳すること。これも分かりやすい翻訳をするための、臨機応変な一手段と考えてください。

❸ a. 伝統の鯉のぼりは、五月五日の子供の日にひるがえるのが<u>習わし</u>（／恒例／普通）である。

b. 豆のまき手たちは、節分の豆まきの儀式で「鬼は外、福は内」と叫ぶのが<u>習わし</u>（／恒例／普通）である。

●解説● この usually をそのまま副詞に訳しても誤訳というわけではありません。でも、副詞は必ず訳文でも副詞でなければならぬ、という掟があるわけではない。水と油ほどもちがう言語を翻訳するわけですから、状況によっては、副詞を名詞に訳した方がピッタリおさまるという場合もあるのです。

❹ 男も女もともに、異性と<u>ずっと友だち付き合いをしていく</u>ことはできます。でも一方が付き合いをもっと親密な（性的な）ものにしたいと思うのは、筋の通らぬことではありません。とくに片方がぞっこん惚れ込んでしまった場合は無理からぬことです。

●解説● この friendship とは「友人関係にある状態（the state of being friends）」（OALD）を言います。つまり、お互いが懇意にしている状態（the state of keeping on friendly terms with each other）のことですから、この名詞を動詞に還元してやると、「ずっと友だち付き合いをしていく」という表現に変換できる。これが、ここでのポイントです。

逆にもし、生硬な文章にしたければ、「男女の別なく、異性間の友情は可能だ」のように訳出することも可能です。漢語調の硬い文章が得られます。使い分けの問題でもありますが、問題文は、人生相談ということもあり、やまとことば的に翻訳した方が文脈に叶っていると言えましょう。

❺ 「ケンは長いこと現職にあり、不人気な政策にも幾つか手を染め、その責を負ってきました。一方、ボリスに関しては、あの人は嫌だ、という市民感情が世の中にあふれています。ずっとこれまで、はなはだ不適切なひと言を<u>何気なく</u>言ってきたせいなんですよ。」

●解説● この off-the-cuff という形容詞は、もともとは off the cuff という副詞句で、「即席で、その場で; 時のはずみで（without preparation, extempore）」（POD）という意味です。元の副詞に還元して翻訳すれば、最善の訳文に仕上がります。

14章 訳語がなければ自分でつくれ

本章のテーマ

　辞書は翻訳に必要不可欠です。ところが適切な訳語が載っていない場合があります。そういう時はどうしましょうか。

　自分で訳語を作り出せばよいのです。文意をきっちりと捉えた上でこれぞという最適なことばや表現をつむぎだします。

　英文解釈が正確にできていて誤りもないという段階であれば、残るは平明な日本語に置きかえて読者に伝えるという作業だけです。辞書に載っていないからといってそうした訳文が間違いということはありません。達意の日本語になっていればいいのです。

　幕末から明治期にかけては、銀行、簿記、社会、倶楽部、哲学、演説、討論、権利などたくさんの新語がつくられました。英語に匹敵することばが日本語になかったので新たに先人たちが作ったのです。

　だからといって、勝手に自分だけにしか通じない訳語や表現を作ってもよいと言っているのではありません。私たちがいま共有している日本語表現によって紡ぎ出される翻訳文が望ましいでしょう。辞書に載っていない訳語でも、自分なりに創り出したことばでも、私たち皆が共有することばで紡ぎだした平明達意の訳語や訳文になっていれば、世に送ることができるというのが本章のテーマです。

例題にチャレンジ

　先ずは次の英文のセミコロンのあとの文章を辞書にないことばを使って翻訳してみましょう。

> The really unhappy person is the one who leaves undone what they can do and starts doing what they don't understand; no wonder they come to grief.
>
> —by Johann Wolfgang von Goethe（1749-1832）

（翻訳）本当に不幸な人とは、できることをやらずにおいて、分かってもいないことをやり始める人のことである。（　　　　　　　　　　）。

● 解説 ●　この No wonder は「道理で〜」「〜なのは当たり前だ」「〜は当然だ」などの訳が辞書にはあります。でも「当然〜であるはずだ」というような訳語は必ずしも見当たりません。翻訳者が独自に工夫したものです。

さらに come to grief は辞書を引くと「不首尾に終わる、憂き目にあう、憂き目を見る、失敗する、だめになる」などの訳語が並んでいます。それをここでは「うまくいくはずがない」と翻訳しています。

どの辞書を引いてもこういう訳文は記載がありません。でも翻訳で示されてみると、これぞぴったりという日本語になっていることが分かります。翻訳者が読者と共有することばを用いて独自の訳文をつくったわけです。辞書にない訳語ですが、自分独自のことばを使った名訳となっています。

解答▶　当然うまくいくはずがない。

翻訳実践にチャレンジ

では問題です。上記の例を参考にして、個別に問いがあればそれに従い、各英文の翻訳に挑戦してみましょう。

1　アメリカの Kate という女性がフランスに行き、René というフランスの男性と久しぶりに会って食事をしている場面です。以下の文で but に続く英文を翻訳しなさい。

Kate doesn't know it, but René has romantic intentions.

△　ケイトはそうとは知らないけれど、ルネは彼女に恋心を持っています。

解答▶ _____

● 解説 ●　「恋心を持っている」のなら René is in love with her. ですみます。問題は romantic と intentions の訳語をどうするかです。

まず romantic は「恋愛の」「(恋心などが) 熱烈な、熱情的な」と辞書にあります。しかし romantic intentions は「恋心を打ち明けるつもり」と取るのは早計です。

この intention は partly with intention（半ば故意に）とか by intention（故意に）などにおける intention と同義です。その形容詞 intentional の意味は「意図して行われた、計画的な、意図的な」の意だと辞書には載っています。

このことから複数形の intentions には「彼女の心を捉えてどううまく取り入るかあれこれさぐりを入れる」という意味が含まれていることが分かります。したがって、うまく立ち回って彼女に取り入ろうとする悪意のない前向きの積極的恋心を訳文上に作り上げれば正解です。

解答例▷ ルネはケイトに関心があり、どうしてうまく近づくかあれこれ思いをめぐらしている。

2 He speaks idiomatic English.

△ 彼は慣用的な英語を話す。

解答▷ _____

● 解説 ● この idiomatic English を「慣用的な英語」と訳しては不合格です。idiomatic English とは「生粋の本国人が話す慣用語法にかなったいかにも自然なその言語らしい言語」という意味です。OALD が idiomatic を containing expressions that are natural to a native speaker of a language と定義しているのは、そういう意味です。そして用例に She speaks fluent and idiomatic English. をあげています。これを翻訳すると「彼女は流暢に英語らしい英語をはなす。」という日本語になります。

解答例▷ 彼は英語らしい英語を話す。

3 次の最初の英文を辞書にない訳語を使って翻訳してください。

If the boss projects a negative attitude, it can pervade the entire workplace. And if you find yourself copying your co-workers, you ought to look for another job.

(翻訳)(　　　　　　　　　　　　　　　　　　　　　　　　　　　　　)
　　　　　だから、気がついてみると自分も心構えは同僚とそっくりになっているのであれば、ほかの職場をさがすべきでしょう。

解答 _____

● **解説** ●　問題の部分を直訳すると、こうなります。「上司が後ろ向きの態度をはっきりと打ち出せば、その態度は一面に広がり職場全体に充満することにもなり得る」というものです。
　ここではそれを読み易くするために、negative を「前向きでない」そして pervade を「染められていく」などと辞書にはない訳語を独自に創り出した翻訳となっています。

解答例　上司の心構えが前向きでないと、職場全体もそういう心構えに染められていきます。

4　My whole family is loyal to Toyota.

解答 _____

● **解説** ●　この loyal to は、辞書には「〜に忠実（誠実）な」と出ています。最近は a loyal customer を示して「（客が）常連の」という訳語を載せ、「いつもひいきにしてくれる客、常連客」と例示している辞書もあります。ここは、後者に該当します。
　つまり、問題文の意味は「家族はみなトヨタに信頼を置いているので、再び買い替えるときもトヨタ車を買いますよ (My family is probably more likely to buy a new Toyota without giving the other brands much thought because they are loyal to Toyota.)」ということです。
　したがって辞書になくても loyal to を「〜に惚れ込んでいる」とか「〜が断然いいと思っている」という訳を創り出すことができます。

解答例　私の家族はみなトヨタ車に惚れ込んでいます。（／トヨタ車が断然いいと思っています。）

5 次の二番目の英文を二つの would に留意して翻訳してください。

Tina is interested in doing a project with him. She would do the writing, and he would take the pictures.

（翻訳）ティーナは彼といっしょに事業計画にたずさわりたいと思っている。

解答　(　　　　　　　　　　　　　　　　　　　　　　　　　　)。

● 解説 ●　難問だったと思います。これは二つとも仮定法（叙想法）の would が使われている文章です。辞書で would は「（たぶん）〜でしょう」という訳しか出ていませんが、この助動詞 would を名詞転換する（これについては別の章で詳しく述べます）要領で「構想である」と訳します。

意味的には「彼女だったら文を書き、彼だったら写真を撮ることになるでしょう」という内容です。これを「〜という構想である」と翻訳します。このように辞書にない訳語を創り出したことで、なかなか見事な訳文が出来上がりました。

解答例　文章は彼女が書き、写真は彼が撮るという<u>構想</u>である。

6 次の英文を impress に注意して翻訳してください。

The top-notch service and wine list never fail to impress.

解答　_____

● 解説 ●　この impress は自動詞で「人に感動を与える、印象づける」と辞書にはあります。辞書にはありませんが、これを「大したものだと思わせる」と訳出してみます。

これは「大した店構え」を quite an impressive-looking shop とした和英辞典などを参考に「だれもが大したものだと思う」という訳文を創り出したものです。

解答例　<u>最高のサービスとワイン銘柄表</u>はだれもが大したものだと思う。

7 次の英文を inspiration に注意して翻訳してください。

As I have said before, you are an amazing inspiration.

解答 ▶ _____

● 解説 ● この inspiration は辞書で引いても適切な訳語が見当たりません。どの辞書にも適切な記載がありません。

まだ辞書にこの訳語は記載されていませんが、You are an inspiration. は「きみに元気をもらった、もらっている」という訳がぴったりです。これだけは、自分で創り出すしかない訳語だといえます。

日常の日本語表現を英語ではどう言うのかな、と考えることはありませんか。「元気をもらった」は英語でどう言うどういうのでしょう。He is an inspiration. と現在時制で言います。これは I have been inspired by him.（私は彼に活気を与えられた）と同じ意味です。まさに、ぴったりの表現です。

解答例 ▶ 前にも言ったことがあるけど、君にはほんとうに元気をもらっているよ。

8 次の文を appetizer に注意して翻訳してください。

Boiled young soybeans in their pods are popular as an appetizer with alcoholic drinks.

解答 ▶ _____

● 解説 ● この appetizer は辞書には「前菜」とか「食欲をそそる食べ物」などとあります。ところが、酒やビールに枝豆とくれば日本人なら「ツマミ」とすぐ分かります。

されど、「ツマミ」という訳語はまず辞書にはありません。そこで常識を働かせて「ツマミ」とするとぴったりの訳語ができあがります。

解答例 ▶ 茹でた枝豆はお酒のツマミとして人気がある。

9 次の英文を good-living に注意して (　　) 部分に翻訳を書いてください。

My wife is a good-living woman, believes in the Lord, prays, goes to church.

(　　　　　　　　　　)。ずっと神を信じ、神に祈り、教会に通っています。

● 解説 ●　この good-living という形容詞の意味はほとんど辞書には見当たりません。名詞としてなら「よい (快適な) 暮らし」という意味が載っています。

　この good-living woman は「ぜいたくな暮らしをする女性」という意味ではなく「貞節な女性」という意味です。つまり My wife is a virtuous woman. という意味です。

　したがって辞書にない以上、これも文脈にふさわしい訳語を自分で創り出さねばなりません。

解答例▷　妻は貞操観念の強い女性です。

10 次の英文を dog に注意して翻訳してください。

It's easy to tell whether a fox is male or female. I could smell fox, the pungent odor of a dog fox is unmistakable.

解答▶ _____

● 解説 ●　この dog の用法が載っている日本の辞書は数が少ないかもしれません。でも OALD や『コウビルド英英辞典』にはちゃんと説明があります。

　ただここでは文脈から何とか正解が推察できると思います。雄ギツネは dog fox と言い、メスは vixen で、キツネの子は cub と言います (The male fox is called a dog fox. A female is called a vixen and a baby is called a cub.)。

解答例▷　キツネの雌雄を見分けるのは簡単です。においをかげば分かります。鼻にツンとくる雄ギツネの臭いは間違いようがありません。

では最後に、これまで学んだ事柄を次の問題で確認してみましょう。

確認テストにチャレンジ

今までの練習を参考にして、個別に問いがあればそれに従い、各英文の翻訳に取り組んでみましょう。

❶ 次の英文中の front passenger seat に注意して、全文を翻訳してください。

The car, with two dummies belted into the driver's and front passenger seats, crashed with a loud bang into a specially designed barrier. (IHT 30／3／07)

解答▶ _____

❷ 次の英文中の swoon に注意して、全文を翻訳してください。

With the airline industry ready to go into another swoon because of high fuel prices, he and other junior pilots could find themselves furloughed along the way.

(Jeff Nailey, IHT 11／4／08)

解答▶ _____

❸ 次の文中の seat, available, spot に注意して、全文を翻訳してください。

A total of 9,298 students took the entrance exam for the 280 seats available, or 33 applicants for each spot.

(IHT 22／5／08)

△ 全部で9,298名の学生が有効な席数280を求めて入試を受けた。すなわち、席数1つあたり33人が受験した。

解答▶ _____

❹ 次の文の motion detector spotlights に注意して、全文を翻訳してください。

Speaking from experience, I would recommend she replace all the outside light fixtures with motion detector spotlights and put some security cameras in conspicuous locations.　　　　　　　　　　　　（Annie's Mailbox, IHT 4/8/08）

解答　_____

❺ 次の英文中の diverting に注意して、全文を翻訳してください。

When I first came upon Angela Thirkell, nearly 30 years ago, she seemed like a diverting minor writer.
　　　　　　　　　　　　（Verlyn Klinkenborg, IHT 5-6/1/08）

解答　_____

「確認テストにチャレンジ」の解答と解説

❶ 人体模型を運転席と助手席に坐らせシートベルトをさせた状態で、車は大音響をあげて特別に設計された防壁に激突した。

●解説● これは簡単だったと思います。もちろん front passenger seat はほとんどの辞書には載っていないでしょう。でも、たいていの人には「助手席」だと分かる。それゆえ、意図的に辞書には記載がないのかもしれません。

❷ 航空業界は燃料費の高騰のためにまたいつ左前になってもおかしくない状態なので、彼やほかの若手パイロットたちがそのうち一時解雇されることだってあり得るだろう。

●解説● この swoon は「気絶、卒倒；混乱、恍惚」などの訳語が辞書にあります。しかし、どれを選んでも文脈にふさわしい訳語とはなりません。そこで、ここは一つ、自分で訳語を作りだすしかないわけです。

この英文は、航空業界が「経済的に苦しくなること」を言っていますから、「左前」がまさにぴったりの訳語になります。もちろん、きちんと意味を踏まえたこの種の訳語であるかぎり、解答例に類する訳語はまず正解です。

❸ 総勢9,298人の受験者が定員280の枠をめぐって競争率33倍の試験に臨んだ。

●解説● この文章で seat、available、spot は、辞書の訳語に頼りづらいことばです。でも、この種のニュースは日ごろ新聞で読み慣れているので、意味だけは分かります。ところが、いざ訳すとなると手こずる。そういう英文です。

まず冒頭の A total of を数字の頭につけるのは、英字新聞独特の用法です。小さい数なら <u>Ten</u> students ですみますが、大きい数字はそうはいかない。英字新聞は、英文をいきなり算用数字で始めるのを嫌うのです。日本の新聞でも「計800万立方メートルの水を」のように数字の頭に「計」を付けたりするのは、同じ気持が働いているからでしょう。それゆえここでは「総勢」という訳語を用いました。

辞書に訳語はありませんが、seats は定員数とみなし、available は「当選見込みのある」という訳語を参考に「合格見込みのある」と考え、spot は seat と同じとすると、なんとか訳ができあがります。それが△印の訳文。でも、新聞の文章としては何だか勢いがない。

そこで、「有効な席数280」は「定員280の枠」、「席数1つあたり33人が受験」は「競争率33倍」というふうに、自前で訳語をつくりだすと原文の意を汲んだ歯切れのいい翻訳ができあがります。

❹ 経験から申しますが、私が彼女にお勧めしたいのは、戸外の照明装置をすべて<u>センサー・ライト</u>に取り替え、監視カメラを目立つところに数台設置することです。

●解説● この light fixtures は lighting fixtures と同じで、「照明装置、照明器具」という訳語がちゃんと辞書にあります。だが、motion detector spotlights は記載がない。

これは、暗い中でも人が動くとそれをセンサーが感知してパッと点灯する装置のことです。インターネットなどで検索しても正式名称は不明。最近の製品なので、名称も定まっておらず、ましてや辞書に記載はありません。ネット上で一般には、「赤外線投光器」で通じそうな感じではありますが。

そこで、「赤外線暗視型カメラ」などの製品を参考に、「赤外線人間感知装置付き夜間用自動投光器」とする。これは正確だが、しかし、長い。では、赤外線暗視型照明灯、赤外線監視照明灯、暗視機能付き夜間用自動投光器などはどうか。いま一つの感はぬぐえない。で、ここは腹を決め、「防犯用夜間自動投光器」とする。難産の末に生まれた訳語です。

ところが、これまた正解ではない。よく調べてみると、いま市場では「センサー・ライト」という名称でこの商品は販売されているとのこと。しかも、防犯以外の、夜間の足元を照らすためにも使われるという。そういえば、筆者の勤務先では、耐震改装工事後の建物の廊下やトイレが、夜間を問わず、足を踏み入れると自動的に電灯が灯る仕組みになっています。改めて、「センサー・ライト」をネットで検索すると、ありました。

もちろん、訳として「赤外線人間感知装置付き夜間用自動投光器」は捨てがたい。しかも「センサー・ライト」なんて、和製英語もいいところ、では

ありますが、巷間に商品として現在売られている名称（通称）である以上、やむなく、「センサー・ライト」に帰するという次第です。

　ここで余談を一つ。文中の replace と put は、誤植ではありません。仮定法現在という用法です。つまり、主節部分（ここでは I would recommend の部分）に recommend、suggest、demand、advise などの動詞がくると、従節（ここでは she replace 以下の部分）の動詞は、動詞の原形（-s、-ing、-ed などが一切つかない形）をとる、という法則です。意味は、字面どおりに読んで大丈夫です。

❺　私が三十年ほど前にアンジェラ・サーケルの作品に初めて出会ったとき、彼女は二流の娯楽作家だった。

●解説●　まず最初の come upon について OALD は、正式用法とした上で、meet or find somebody or something by chance と定義しています。つまり「（人）に（偶然）出会う、（物）を（ふと）見かける」という意味。これは、英和辞典にも記載があるとおりです。

　一方 diverting は、辞書には「気晴らしになる、楽しい、面白い」などの訳語がならんでいます。しかしこのどれも、この語の訳語にはふさわしくありません。つまり diverting は、その語根である動詞 divert の「〈人〉を楽しませる」という含みを失うことのない形容詞です。ですから、diverting ＝ amusing ということなのです。

　以上の理由から、a diverting minor writer を直訳すると「人を楽します二流の作家」ということになります。しかし、このレベルではまだ△の答案でしかありません。そこでいま少し突っ込んだ訳語を考える必要があります。こうして「二流の娯楽作家」という訳語を作りだしたら合格です。正解なさった方は、おめでとうございます。プロの翻訳者の道へ一歩足を踏み入れられたかもしれません。

前置詞を あなどるなかれ

15 章

本章のテーマ

前置詞は、名詞あるいは代名詞の「前」に置かれる詞（ことば）なのでこの呼び名があります。たとえば、**in, from, to, with, out of, on behalf of** などのようなものが前置詞（句）と呼ばれます。

このような前置詞は、名詞や代名詞を支配下にいれて、一つのまとまりをつくります。たとえば、**on the table, on behalf of my colleagues** などのように、前置詞と名詞が一体となってまとまった語句をつくるのです。

そこで問題を一つ。

The bus leaves in an hour. という英文を翻訳してみてください。

まさか、「このバスは1時間以内に出発する。」と訳した人はいないでしょうね。もしそうだとしたら、どこが誤訳か分かりますか。

そうです。ここで使われている **in** という前置詞を誤訳してしまった例です。この **in** は、「今から~の時間が経ったあとに」を意味することばです。つまり、バスが出発するまでに要する時間がどれほどあるかを示す前置詞の **in** です。

したがって、「このバスは1時間すると出発します。」と訳するのが正解。中学生向けの辞書ですら、「~の中に、~に、~で」に始まって8つもの **in** の用法が説明してあります。その中に「（~後を意味する）**in**」もきちんと入っています。（余談ながら、中学や高校低学年向けの辞書は、基礎的事項が要領よく説明されている辞書もありますので、思いの外、役立つことがあります。）今まで何の苦もなく覚えた **in** ですが、簡単にはいかない前置詞であることが、少しはお分かりいただけたでしょうか。

むかし、古英語（**Old English,** 450-1100）では、名詞、動詞、形容詞が語形変化をしていました。中英語（**Middle English,** 1100-1500）になると、単純化されます。すると今度は語形のみでは、主語や目的語は区別しづらくなる。その結果、動詞（V）の前に来るのが主語（S）で、動詞（V）のあとに来るのが目的語（O）というように、近代英語（**Modern English,** 1500-）では、語順が固定化されるようになります。

きわめて乱暴な言い方をすれば、古英語の語形変化が消失して語順が固定化されることにより、文法関係がわかりづらくなった分を埋めるかたちで発展したのが「前置詞」であるということができます。

こういうわけで、たかが前置詞とあなどるなかれ、というのが本章のテーマです。

例題にチャレンジ

前置詞に注意して各文を翻訳してください。

a. Sarah was persuaded into submitting a letter of resignation.

b. Sarah was persuaded out of retirement.

● 解説 ● 間違えようのない into と out of の違いです。a. は、前置詞 into を使ったもので、persuade ＋ 人 ＋ into〜は「人を口で説き伏せて〜するように仕向ける（talk someone "into" doing something）」（『コウビルド英英辞典』）という意味です。

その反対が、b. の out of を使った表現で、「〜しないように説得する」という意味になります。

ただし、辞表を出す、退職しない、という行為がすでに実行された後であるか、実行に移される前であるかは、不明です。それはどうあれ、いずれの場合も、説得は成功したことを意味します。

解答　a. セアラは説得されて辞表を出すことにした。

b. セアラは説得されて退職しないことにした。

翻訳実践にチャレンジ

では問題です。上記の例を参考にして、個別に問いがあればそれに従い、各英文の翻訳に挑戦してみましょう。

1 a. I'll be there by noon.

解答 ＿＿＿＿＿＿＿＿＿＿＿＿＿＿＿＿＿＿＿＿＿＿＿＿＿＿＿＿＿＿＿

　　b. I'll be there until noon. ◆ until = till.

解答 ＿＿＿＿＿＿＿＿＿＿＿＿＿＿＿＿＿＿＿＿＿＿＿＿＿＿＿＿＿＿＿

● 解説 ●　この a. は、時の期限を表し、「～までに、～まで（not later than the time mentioned）」（OALD）という意味です。たとえば、I'll be here by Sunday.（日曜日までにはここに来ています）のように言います。

　なお、この by Sunday は、日曜日を含んでいます。これを before を使って、～ before Sunday とすれば、「日曜日にならないうちに」という意味になります。前置詞一つで微妙に意味がちがってくるわけです。

　つぎに、b. の until は till とおなじで、時の継続を表し、「（ずっと引き続いて）～まで（up to the point in time mentioned）」（OALD）という意味。たとえば同じ用法の例文として、Let's wait here until five.（5時までここで待ちましょう）などがあります。

解答例　a. 正午までにはそちらに行きます。
　　　　b. 正午までずっとそちらにいます。

2 a. I washed my hands in this.

解答 ＿＿＿＿＿＿＿＿＿＿＿＿＿＿＿＿＿＿＿＿＿＿＿＿＿＿＿＿＿＿＿

　　b. I washed my hands of this.

解答 ＿＿＿＿＿＿＿＿＿＿＿＿＿＿＿＿＿＿＿＿＿＿＿＿＿＿＿＿＿＿＿

●解説● まず a. の in は、「～を使って、～で」という手段や材料を表す in です。たとえば、I washed my hands in hot water.（湯で手を洗った）という時の in と同じです。

もちろん、with をつかってもかまいませんが、in を使うのが一般的です。なお、この this は、水や湯や石鹸水といったものを指していると考えればいいでしょう。

つぎの b. は、wash one's hands of～ の形で用いられ、「～と手を切る、～との関係を絶つ（have nothing more to do with～; end one's association with～）」という意味です。この場合の this は、「このこと」とか「この一件」という意味で、話者と聞き手の間で了解されている事柄を指しています。

解答例　a. 私はこれで手を洗った。

　　　　b. 私はこの件から足を洗った／手を引いた。

3　a. He died of starvation.

解答　_____

b. He died from wounds.

解答　_____

●解説● 前置詞のちがいが問題です。a. のように of が使われていると、ある結果を招くに至った直接的原因を述べていることになります。つまり、死んだのは「飢え」が直接原因だという意味です。

いっぽう、b. のように from が使われていると、間接的原因を表し、「～がもとで」死んだということを表しています。

したがって、前置詞 of は直接原因を表し、from は間接原因を表すと理解してよい、というわけです。

以上は、いちおうの原則です。ただ、そうでない例外も時々あります。たとえば、いずれの文でも「彼は心臓発作でなくなった」と翻訳できる場合も

ある。He died of a heart attack. そして He died from a heart attack. は、of と from の違いがあるにもかかわらず、意味は同じ。こういう例外もあるということを心の隅にとどめておいていただければ、誤訳の防止にもなるかと思います。

> 解答例　a. 彼は餓死した／飢え死にした。
>
> 　　　　b. 彼は傷がもとで亡くなった。

4　a.　Coffee is made from coffee beans.

解答　_____

　　b.　This floor is made of wood.

解答　_____

●解説●　この a. も b. も訳してみれば大差はありません。ほとんどの方が正解だったでしょう。日本語に翻訳すると、英語の持つ違いをにわかに表現しづらいからです。

　違いは何かといいますと、製品と原材料を比較して、製品が原材料の形状をとどめていれば、前置詞は of が使われる。原材料の形状をとどめていなければ、from が使われる。このちがいだけです。俗に、材料の of、原料の from ともいわれます。

　たとえば、a. のような例をあげますと、Cheese is made from milk.（チーズはミルクから作られる）というのがそれです。固形と液体は、形状に違いがありすぎます。だから、from が使われる。b. の例として、The house is made of stone.（家は石造りである）があげられます。家を見ると一見して石でつくられていることが分かります。

　これは、誤訳しようのない文章の最たるものだったかもしれません。

> 解答例　a. コーヒーは、コーヒー豆から作られます。
>
> 　　　　b. この床は、木でできています／作られています。

5 a. Amanda paid 2,000 yen for me.

解答 _____

b. Amanda paid 2,000 yen to me.

解答 _____

● 解説 ●　まず a. の場合、前置詞の for は「〜のために」ではなく、「〜の代わりに、〜に代わって（in place of）」の意です。

いっぽう、b. は、pay という動作の対象を表す前置詞の to であり、「〜に、〜に対して」の意味があります。同じことを別の文で言えば、Amanda paid me 2,000 yen. ということです。

解答例　a. アマンダが、私の代わりに二千円払った。
　　　　b. アマンダが、私に二千円払った。

6 a. People should arrive on time for a dinner party of any kind, give or take 10 minutes.（Annie's Mailbox, IHT 8-9／12／07）

解答 _____

b. I arrived just in time for the 3 pm ferry to central Istanbul.

解答 _____

● 解説 ●　まず a. の on time は、「きっかり時間どおりに（at exactly the correct time）」（OALD）ということ。たとえば、You shouldn't count on her coming on time.（彼女が時間どおりに来るなんで当てにすべきじゃないよ）のように使われます。

他方、b. の be in time for は、「何かある事をすることができるだけのたっぷりの時間的余裕をもって（with enough time to be able to do something）」（OALD）あるいは「遅れずに（not late）」という意味です。

例を一つあげれば、You will be in time for the limited express train.（その特急にじゅうぶん間に合いますよ）というように表現されます。

　いずれも学習ずみで簡単だったかもしれません。ただ一つ注意点は、in time には今述べた「間に合って、遅れずに」の意味のほかに、「やがて、そのうち（when a lot of time has passed）」（『コウビルド英英辞典』）を意味する場合がありますので注意が必要です。You will be a great translator in time.（あなたはいつか立派な翻訳家になるでしょう）のような英文がその例です。

> 解答例　a. どういう種類の夕食会であれ、前後十分くらいの幅はもたせても、時間どおりに到着すべきです。
> 　　　　b. 午後3時のイスタンブール中央行きのフェリーに間に合うよう余裕をもって私は到着した。

7　前置詞の about に注意して全文を翻訳してください。

I live for wine. If my life isn't about wine, then what is it all about?

解答　_____

●解説●　まず about の用例を3つあげます。
　（1）What are you about?（あなたは何をしているのですか。）
　（2）That's what war is all about.（それが戦争というものだ。）
　（3）What is this book all about?（この本は何に関する本ですか。）
　問題文の最初の about は、（1）の用法と同じ。「～にたずさわる、～にかかわる」という意味で、何事かに従事することを表す前置詞です。
　問題文中二番目の about は、（2）の用法と同じで、「～ということだ」という意味です。物事の目的や本質を表す前置詞です。
　以上述べた二つは、いずれも（3）のような、「～について、～に関して」という意味ではありません。翻訳する上では違いに注意が必要です。

> 解答例　ぼくは、ワインに命をかけている。人生の生き甲斐がワインでなければ、人生って何だってんだ。

8 a. The murder of his father has been in the news a lot recently.

   解答

   b. His murder of his father has been in the news a lot recently.

   解答

●解説● この a. と b. において、of のあとはいずれも目的を意味する用法であり、いずれも、「所有」の of ではありません。たとえば、the murder of John Lennon は「（ジョン・レノンを殺した）ジョン・レノン殺し」のことです。a. のような the murder of～の英文表記では、of 以下が murder の目的語部分だと解釈して間違いありません。

　ただし、a. では、犯人は誰か特定できません。なぜなら、Someone murdered his father. が名詞化されたのが The murder of his father だからです。

　これに対し、b. は His murder of～とありますから、He murdered his father. が名詞化されたものだと解釈できます。

　このように、of は、所有を表す of とばかりは限らない、というのがここでのポイントです。

解答例　a. 何者かによる彼の父親殺しが、最近、取沙汰されている。
　　　　b. 彼の犯行による父親殺しが、最近、取沙汰されている。

9 合衆国のとある所で時間を聞いたら、次のような返事でした。翻訳してください。
   It's a quarter of twelve.

   解答

●解説● これは、時刻の表し方をどう翻訳するかの問題です。この英文は、「12時という時間の位置から1時間の4分の1だけ前の時刻」という意味。

したがって、「12時15分前」という返事がかえされたことになります。

これは、アメリカ語法です。OALD はそう断ったうえで、at a quarter of eleven tonight を例示して、10.45 p.m. のことだと説明しています。

余談ながら、10.45 p.m. は英国式時間表示の方法で、アメリカでは 10:45 p.m. と表記します。英米間では、句読点などの記号の使い方に違いがあります。たとえば、アメリカ表記の Mr. や Mrs. は、英国式だと Mr や Mrs となり、ピリオドのないのが正式の表記法です。

解答例〉 12時15分前です。

10 a. I've never ever smoked in 20 years.

解答〉 _____

b. Her mother was up and around in a week.

解答〉 _____

● 解説 ● いずれも時を表す前置詞の in が使われたものです。a. は、20年という「期間」を意味しています。

いっぽう、b. は、病気や手術などのある時点から数えて、1週間という「経過時間」が終わった時点で、ということを意味しています。思い切った翻訳をしたければ、b. は、「一週間後に」と訳してかまいません。

ここでエピソードを一つ。アメリカに渡った日本の若者がバスの一人旅を楽しんでいました。停車中のバスがいつ出るのか発車時刻を尋ねてみた。すると、The bus leaves in an hour. という返事。これは油断ならないと、トイレにも行かずにバスの発車をじっと待った。すると、きっかり1時間後にバスは発車した。なんと、この青年、in an hour を「1時間以内に」と解釈したのですね。これは、「1時間後に」が正解でした。前置詞、おそるべし。

解答例〉 a. この20年間、タバコは一本たりとも吸っていません。
　　　　b. 彼女の母親は、一週間経つと（／一週間後に）病床を離れた。

では最後に、これまで学んだ事柄を次の問題で確認してみましょう。

確認テストにチャレンジ

今までの練習を参考にして、個別に問いがあればそれに従い、各英文の翻訳に取り組んでみましょう。

❶ a. We listened for the rumbling of distant thunder.

解答 _____

b. We listened to the rumbling of distant thunder.

解答 _____

❷ a. I know of a budget hotel in Sydney but have no further details.

解答 _____

b. Does anyone know about avian flu?

解答 _____

❸ a. I am presently growing corn and cucumbers besides tomatoes.

解答 _____

b. I am presently growing corn and cucumbers beside tomatoes.

解答 _____

④ a. I'd like to book a single room with a bath and toilet from 16th to 18th August.

　解答 _____

b. I'd like to book a single room with a bath and toilet from 16th through 18th August.

　解答 _____

⑤ 次の英文を翻訳してください。

You can't read a good book without getting a whole passel of ideas romping around in your brain.

◆ a whole passel of = a whole lot of.

　解答 _____

「確認テストにチャレンジ」の解答と解説

❶ a． 私たちは、遠雷の音が聞こえまいかと聞き耳を立てた。

b． 私たちは、雷が遠くで鳴っているのを聞いた。

●解説● まず a. は、「聞こえないかと用心深く待ち受けるように（音を）聞こうとする（seek to hear（sound）by waiting alertly for it）」（POD）という意味です。したがってこれは、まだ聞こえていない遠くの雷鳴を聞こうと耳をすましている、というわけです。そういう意味内容が訳文に出ていれば正解です。

他方、b. は、「（音）に耳を傾ける、（音）を聴く（give attention with ear to [sound]）」（POD）という意味です。つまり、いま現在、遠くで雷が鳴る音が耳に達しており、それを聞いている状態にあるわけです。

このように、前置詞に for をとるか、to をとるかで、同じ動詞 listen の意味内容にずいぶんと差が出てきます。この点をはっきりと区別できたかどうかが、ここでのポイントです。

❷ a． シドニーのその安いホテルは聞いているけど、それ以上のことは詳しくは知らない。

b． どなたか、鳥インフルエンザのことを詳しく知りませんか。

●解説● まず a. の know of は、「そのことを聞いたことはあるが必ずしも詳しい情報をもっているわけではない（you have heard about it but you do not necessarily have a lot of information about it）」ということを意味します。

一方、b. の know about の意味は、「そのことについて詳しく調べたことがあるとか関心をもったことがあってその一部か全部をよく知っている（you have studied it or taken an interest in it, and understand part or all of it）」ということです。

『コウビルド英英辞典』は、a. の know of と b. know about について、以上の説明をしています。つまり、前置詞に about が用いられると、of が用いられた場合より、より詳しく知っていることを意味する。こう説明して

いるわけです。

　いちおう、この説明で間違いはありません。が、いつもがいつもそうだとは限りませんので注意が必要です。どちらを使っても、意味は同じ、という事例が若干ありますので、例外もあることを心の隅にとどめておいてください。文脈や筋にも頼って判断することが大切。

❸ a. 私は現在トマト<u>のほかに</u>トウモロコシとキュウリを育てている。

　b. 私は現在トマト<u>のそばに</u>トウモロコシとキュウリを育てている。

●解説●　きちんと整理がついている方は、紛らわしくなかったことでしょう。a. は、「〜のほかに、〜に加えて（apart from, in addition to）」（OALD）という意味です。一例をあげると、Besides being a Member of Parliament, he is a writer.（国会議員であるほかに、彼は作家でもある）というような文章で使われます。

　つぎの b. は、「〜のそばに、〜のわきに、〜の近くに（at the side of, close to）」（POD）という意味です。たとえば、Vending Machines／Located on every guestroom floor beside the elevator（自動販売機／各階エレベーターそばにございます）のように beside は使われます。

❹ a. 8月16日から18日までバス・トイレ付きの1人用の部屋を予約したいのですが。

　b. 8月16日から18日の夜も含めてバス・トイレ付きの1人用の部屋を予約したいのですが。

●解説●　まず a. は、from A to B という形式の表現で、「16日から18日まで」という意味であることは、ご存じのとおりです。ただ、この場合、18日が含まれるのかどうか定かではありません。18日を含む場合とそうでない場合との両方に使えます。ですから、こういう表現は、ホテル業界や航空業界では、敬遠され、嫌われます。

　その代わり、b. の from A through B という形式が好まれる、というわけです。この from 16th through 18th という表現ですと、B の位置にくる18日をきちんと含むことになり、間違いが生じません。

　このように18日を含めたいのであれば、もう一つ、別の言い方があります。

それは、from 16th to 18th inclusive という表現です。B に当たる数字が、to と inclusive とに挟まれる表現法です。こうすると、b. と意味が同じになります。

前置詞一つでこうも違うという事例です。注意が必要です。

❺ ためになる本を読めば、おびただしい着想が頭の中をかけめぐるものだ。

●解説● この文は、直訳しますと、「おびただしい着想を頭の中でかけめぐる状態にすることなしに、ためになる本を読むことはできない」となります。この「〜することなしに…することはできない」とは、要するに、「…すれば必ず〜する」という意味です。

この「can't ＋ without」の構文は、「never ＋ without」の構文でも同意の事を表現できます。さらに whenever を使って書き換えができます。次の（1）と（2）は、意味は同じで、「二人は会えば世間話をする」という表現です。

（1）They never meet without making small talk.
（2）They make small talk whenever they meet.

このような言い換えが可能ですから、設問の英文の前置詞 without は、whenever を使って次のように言い換えることができます。

You get a whole passel of ideas romping around in your head whenever you read a good book.

ともあれ、この without という前置詞も「〜がなかったなら」とか「〜の範囲を超えて」などのほか、いろいろな意味をもつので要注意です。正解が出せた方はおめでとうございます。

慣用表現に慣れよ

16章

本章のテーマ

慣用表現というのは、二つ以上の単語で構成された句や文で、その全体の意味は、個々の単語のもつ本来の意味から決定づけることができない言い回しのことです。

たとえば、no と way が合わさって No way! となれば、「とんでもない」とか「それはダメ」とか「そんなわけないだろう」という意味になります。また、dry と run が合体して、dry run となれば、「リハーサル、予行演習、実弾を使わない軍事訓練」などの意味になります。

これは、諺とも違う。それでいて、きちんとまとまった意味をもち、日ごろ誰もが使っている。それがここにいう慣用表現です。

むかしの日本のことばに「下り酒」というのがありました。上方の灘や伏見から江戸へ下って来た酒で、上等とされたものです。そうでない酒は、「下らぬ酒」とされました。地元の江戸周辺でつくられた酒がそう呼ばれました。ここから、「つまらない、価値がない、取るに足りない」などの意味で、今日、「下らぬ骨董品」などと言うようになっています。こういうのが、慣用表現です。

英語の場合、たとえば、首を吊って死のうとしている男がいたとします。天井からロープを垂らし首に巻き付けると、それまで足場にしていたバケツを最後に蹴っ飛ばす。すると、首吊り状態になり、死んでしまう。このことから、He kicked the bucket. という表現が誕生した。もちろん、これは、文字どおり「彼がバケツを蹴っ飛ばした」場合に使えます。でもふつうは、He died. （彼は死んだ）の意味で用いられる慣用表現です。

こうした慣用表現にも慣れていただこうというのが、本章のテーマです。

例題にチャレンジ

まず次の下線部に注意して全文を翻訳してみましょう。

A couple of the guys headed over to a cafe-like building

nearby. I followed, hoping that they had a toilet I could use before <u>hitting the hay</u>.

●解説● この hit the hay は「就寝し眠る (go to bed and get some sleep)」を意味する俗語ですが、慣用表現としてときどきお目にかかります。

ほかに hit を使った慣用表現には、hit the road（出かける、セールスに回る、出張する）、hit the jackpot（ひと山当てる）などの俗語表現があります。また、hit it off（意気投合する）、hit the spot（申し分ない、もってこいだ、スカッとさせる）、hit the nail on the head（図星である）、hit bottom（底を打つ、どん底になる）など、くだけた表現もあります。いずれも、人の好みで使い分けられる慣用表現ばかりです。

ここでの hit the hay は「寝る」ということ。

解答 <u>男が二、三人、近くのカフェらしき建物に向かった。私はついて行った。寝る前にトイレの設備が使えるのを期待してのことだった。</u>

翻訳実践にチャレンジ

では問題です。上記の例を参考に、下線部に注意して、各英文の翻訳に挑戦してみましょう。

1 I think he could <u>do it standing on his head</u>.

× 彼だったら、倒立しながらでもそれがやれると思うよ。

解答 _____

●解説● この do ~standing on one's head は慣用表現で、「楽々と（わけなく、容易に）~する」という意味があります。

楽々と~できる、のであれば、逆立ちしながら~できても、同じことだろう、と居直ってはいけません。双方は、意味がちがいます。ここでの、do~standing on one's head（または able to do ~standing on one's head）は、「楽々と~する、~できる」という慣用表現です。なんと、倒立とは無関係の意味を持つ表現です。

ちなみに、「逆立ちをする」を英語でどういうかというと、片手倒立をす

るのでない場合は、stand on one's head と stand on one's hands の二種類があります。前者は、頭と両手を床に着けて逆立ちする「三角倒立」のこと。後者は、両手だけを使って倒立するやり方です。わが国では、逆立ちというと、こういう両手だけの倒立を言うような気がしますが、どうでしょう。英語国では、If you can stand on your head, do it.（逆立ちできるのなら、やってご覧）のように使います。

解答例▷　彼だったら、<u>楽々と</u>、それがやれるだろうと思います。

2　I can't remember the number <u>off the top of my head</u>, but I can look it up in the phone book for you.

解答▶ _____

●解説●　この off the top of one's head は、「今すぐパッと思いついて（without taking time to think carefully or check the facts）」（OALD）という意味です。

つまり、「即座に」という意味で、impromptu, off-hand, immediately, on the spot, at once などと同類の表現です。語感からして、「頭のてっぺんからパッと飛び出す」という感じがしますので、人気のある慣用表現です。

解答例▷　その番号は、<u>今すぐには</u>思い出せませんけれど、電話帳で調べてあげましょう。

3　Julia Roberts may be a wife and mother, but she still <u>brings home the bacon</u>—to the tune of $20 million per movie.　　（IHT 2／12／05）　◆ to the tune of 〜:「〜もの高額の」。

解答▶ _____

●解説●　この bring home the bacon は、「生活費を稼ぐ（earn a salary）」という意味です。むかしは夫婦喧嘩などで夫が Who brings home the bacon?（誰がこの家の生活費を稼いでいるんだ）とひとこと言

えば、妻はシュンとなって沈黙したもののようです。つまり、亭主には頼りになる威力を発揮する表現だった。

ところが、その後、どうなったでしょうか。それは本章の**確認テストにチャレンジ**で確認してみてください。

> |解答例| ジュリア・ロバーツは主婦であり母親でもあるかもしれないが、今なお、一家の稼ぎ手である。なんと、映画一本につき2千万ドルもの高額を稼ぐ。

4 I've had enough from Jessica. I'm going to <u>give her a piece of my mind</u>.

|解答|

●解説● この give someone a piece of one's mind は、「人をこっぴどく叱り飛ばす、ずけずけ文句を言う（scold, reproach, or reprimand someone）」の意です。

この場合の one's mind は、その人の率直な、遠慮のない気持を指しています。それをあえて直言しようというわけですから「ずけずけ文句を言う」という意味になります。

なお、最初の文中の have had enough は、「（人や物について）いやになるくらい煩わしくて、もううんざりしている」（OALD 参照）という意味。OALD は I've had enough of driving the kids around.（子供たち同伴でドライブするのはもうこりごりだ）という例文をあげています。

あるいは、私たちが食事などでお代わりをすすめられて、No, thank you. I've had enough.（いいえ、けっこうです。もう十分いただきました。）と言うのも、この have had enough を使った表現です。

> |解答例| もうジェシカには我慢がならない。<u>ジェシカにずけずけ文句を言ってやる</u>。

5 I hopped off the road behind some bushes to dig a hole and attend to some urgent <u>callings of nature</u>.

◆ 合衆国をスケボで横断した男のブログ（25／2／08）より。

▶解答◆ _____

● 解説 ●　難問だったかもしれません。ふつう calling(s) of nature といえば、十中八九、大自然からの人間への呼びかけ、と解釈されます。でも、ここではそういう意味でないことは一目瞭然。用便のことです。

　では、この場合は、number one（おしっこ）と number two（ウンチ）のどちらでしょうか。これも、穴を掘った、とありますから、number two のことだと分かりますね。

　このように使われる callings of nature は、euphemism（遠回しな言い方・婉曲表現）とも言える慣用表現の一つです。そう頻繁にお目にかかる表現ではない分だけ、難しかったかもしれません。尾籠な話にわたった点は、おゆるしを。

▶解答例▷ 道路から藪の奥まですっ飛んで行って、穴を掘り、<u>大の方の用を</u>足した。

6 A cub reporter is constantly <u>at his editor's beck and call</u>.

▶解答◆ _____

● 解説 ●　これも at one's beck and call という慣用表現で、「(人の) 指図のままに、言いなりに (always ready to obey one's orders)」(OALD) という意味です。

　最近では、at なしで使われる場合もあるようですが、辞書レベルではまだ at が欠落する記載はありません。類例を二つ示しておきます。

(1) Why do I have to be at your beck and call?
　　　　　（なぜあなたの言いなりにならなければいけないんですか。）
(2) Gerald was always at her beck and call.
　　　　　（ジェラルドはいつも彼女の言いなりでした。）

▶解答例▷ 新米の記者は、いつも、<u>編集者の指図を受ける</u>。

7 My husband insists we wait on his twin 9-year-old girls <u>hand and foot</u>.

▶解答▶ _____

●解説● この hand and foot は、副詞句であり、「あらゆる面でどこまでも協力を惜しまずに」という意味の慣用表現です。辞書には、「手足となって、まめまめしく、休む間なく」と載っているのがこれです。

ところが、「手足もろとも、手足が使えないように」という別の意味で、He is tied hand and foot.（かれは手足を縛られている）のようにも使われます。ただし、ここでは該当しません。

つまり、これは、「力を合わせ際限なく協力して: あらゆる面で（with concerted, never-ending effort; in all ways possible）」あるいは「全力をあげて」という意味の慣用句です。

▶解答例▶ 夫は、自分の九歳になる双子の娘たちの世話は私たちが<u>何から何まで</u>するんだと言い張ってきかないんです。

8 The company is exerting pressure to mechanics to <u>give the green light to</u> aircraft to take off even if they are not ready.

▶解答▶ _____

●解説● これは、分かりやすい表現だったと思います。この green light とは、「計画などの物事を始めてよい、あるいは継続してよい、という許可（permission for a project, etc. to start or continue）」(OALD) のことで、give the green light to~は、「~にゴーサインを出す」という日本語表現にぴったりの慣用表現です。ただ、英文中のこの話にはぞっとしてしまいますが。

▶解答例▶ 会社は整備士たちに圧力をかけて、飛行機の整備ができていなくても、<u>飛行機に離陸のゴーサインを出す</u>よう求めている。

9 That guy finally <u>kicked the bucket</u>.

　解答▶　_____

　●解説●　この kick the bucket は、「死ぬ（die）」という意味の俗語的慣用表現。本章の例題の解説をもう一度ご覧ください。

　ただ、最近は、人についてばかりでなく、電気器具や機械や動物についても使われるようになっています。たとえば、**Our old computer finally kicked the bucket.**（わが家のコンピュータがついにダメになった）とか **The old horse finally kicked the bucket.**（老いぼれ馬がとうとうくたばりやがった）などのように使われます。

　でも、**You're not ready to kick the bucket, are you?**（まだくたばりたくないですよね。）

　解答例▶　あいつはとうとう<u>くたばった／くたばりやがった</u>。

10 You know, usually pain <u>is just in your head</u>.
　　　　　　　　　（NHK Radio 2 18／1／08）◆ 痛い痛いとこぼす友人に向かって。

　解答▶　_____

　●解説●　この **It's just in your head.**（それは気のせいです）というような表現は、まだ辞書には載っていません。ただ、head の代わりに mind を使ったものならば、**It's all in your mind.** を「それは気のせいだ」とした事例が辞書にも出ています。

　さりながら、『ランダムハウス英和大辞典第2版』は、**in one's head** を「頭の中で、想像で; 暗算で」と記載していますので、辞書にまだ載っていないと断言してしまうのは、「気のせい」かもしれません。

　解答例▶　あのね、痛みは<u>気のせいである</u>ことが多いんですよ。

では最後に、これまで学んだ事柄を次の問題で確認してみましょう。

確認テストにチャレンジ

例題を参考に、下線部に注意して、各英文を翻訳してください。

❶ Times have sure changed. Once men were respected for "<u>bringing home the bacon</u>." Today the poor jerks not only <u>bring it home</u>, they cook it, serve it and do the dishes.

（Mort Walker, *The Asahi Evening News* 23／7／94）

◆ jerk:「間抜け、世間知らず」つまり「世の夫たち」のこと。

> 解答

❷ Well, I think you better tell him. I think you better <u>face the music</u>. ◆ 友人から借りた車を壊したがどうしたらいいか、との相談に答えて。

> 解答

❸ Your husband is depressed and <u>he's taking it out on you</u>.

（Annie's Mailbox, IHT 9／10／06）

> 解答

❹ The Japanese economy which seemed forever <u>heading north</u>

> 解答

❺ 次の英文を翻訳してください。

You could have fooled me.

> 解答

「確認テストにチャレンジ」の解答と解説

❶ まったく時代が変わった。昔は男たちは食べ物を稼いで帰って尊敬されていたものだ。ところが今日では、哀れにも、間抜けな男どもは、食べ物を稼いで帰るだけでなく、それを料理し、配膳し、皿洗いまでしているのだから。

●解説● この慣用句 bring home the bacon については、米国女優ジュリア・ロバーツについての記事である**翻訳実践にチャレンジ**の設問 ③ の解説を参照してください。

ちなみに、Who brings home the bacon? は、夫が妻に問いかけた場合、反語的に I am the breadwinner of the family.（この一家のおまんまを稼いでいる大黒柱は俺だ）という意味になります。こう言えたのも古き良き時代のことで、世の中が変わったというのが、この英文の主旨。

❷ そうね、言うべきだね。その非難をまともに受けなさい。

●解説● この face the music は、「音楽と向き合う」とか「楽譜に向かう」は×。「非難をまともに受け止める（face one's critics）」（POD）という慣用句です。ほかに、現実を受けとめる、自分の不始末にけじめをつける、招いた結果を潔く受け止める、現実を直視し立ち向かう、などの翻訳ができていれば合格です。

なお、ここで you better が二回使われていますが、これは、you had better よりもっとくだけた口語表現で、意味は同じです。ただ、had better が you という二人称主語をとっていますので、これは「～しなさい」という目下への命令形であることに注意が必要です。上司や目上にこのような物言いは禁物。

❸ ご主人は鬱状態になってあなたに八つ当たりしているんです。

●解説● この take it out on～は、「～に八つ当たりする」の意。つまり、「激怒や落胆のあまり、落ち度のない人に対して不愉快な振る舞いをする」（OALD）ことです。別のことばで言うと、「(何の落ち度もない人）に欲求不

満をぶちまける（relieve frustration on～）」（POD）ことです。

たとえば、He may take it out on you.（彼は君に八つ当たりするかもしれないよ）のように使われます。字面からは何のことやらすぐには分からない慣用表現の一つです。

❹ 常に右肩上がりを続けるかのように思われた日本経済

●解説● 随分むかしの新聞記事の見出しです。難しいのは head north という慣用句。ほとんどの辞書には載っていないでしょう。俗語に近い表現です。

この head north は、「成長する」という意味。逆は、go south（左前になる、悪化する、株価などが暴落する）という表現ですが、こちらは辞書に記載があります。これは難問でした。正解できた方は大したものです。おめでとうございます。

❺ その手には乗らないよ／そんなの信じられないね／まさか。

●解説● これも日常使われる慣用表現です。ただ、意味が分かりづらい。直訳すると、「この私をだますことはできたろうに（実際はそうはいかなかった）」という意味です。つまり、君はさっきも今も私をだませないよ、ということを言っています。

「今さっき私に向かって言われた事柄は私には信じられない、という事を明言するために（to say that you do not believe something that somebody has just told you）」（OALD）使う慣用表現がこれです。

では、どう訳したらよいか。「そんなの信じられない／まさか／そんな口車には乗らないよ／その手は食わないよ／その手には乗らない」などであれば、正解。

ここでは、could という助動詞（これについては別の章で詳述）が使われていることもあって、話者の心的態度の描写ともからむので、難問だったことでしょう。正解が出せた人はすごい。

副詞は意味の手品師

17章

本章のテーマ

　副詞は、用言や体言および他の副詞を修飾する品詞である。副詞を国文法的に理解すれば、おおかた、そういう定義になるところでしょう。

　いっぽう、英語の副詞は、魔術師なみの手品を見せつけます。不思議なことに、英語の副詞はその位置が移動するだけでも、がらりと意味がちがってきます。

　そうかと思うと、位置はちがっても、意味は同じという場合もある。なんだか手品を見ているようです。

　例を示しましょう。まずは、副詞の位置が変わると意味も変わるという場合です。

　　a. He <u>alone</u> managed to do it.
　　b. He managed to do it <u>alone</u>.

まず a. = <u>Only</u> he managed to do it.（彼<u>だけ</u>がなんとかそれをやりおおせた。）そして次に b. = He managed to do it by himself.（彼はそれを独りで何とかやりおおせた。）となります。

　こんなの当たり前だろう、と言う方のために、次を用意しました。

　　c. I was <u>only</u> woken once in the night.
　　d. I was woken <u>only</u> once in the night.

これはどうでしょうか。そうです、c. と d. は、両方とも意味は同じ。

　このように、英語の副詞は、違うと思えば同じ、同じと思えば違うというふうに、丸で手品師の様相を見せることがあります。

　それにつけても思い出すのが apparently という副詞。以前は、「明らかに、明白に」の一本槍で処理される場合が多かったようです。ところが、「明らかに、明白に」で使われる例はあまり多くないことが分かり、「見たところでは、外見上、どうも〜らしい」という意味で使われることが圧倒的に多いことが分かってきた。そこで、最近の辞書は apparently という副詞の用法をいくつかにきちんと分類し、正確に記載しています。段々と英和辞典も進化してきています。

だからといって、副詞は油断がならない。そこで副詞のトリックに翻弄されない術を学びましょう。いろいろな副詞と付き合ってその用法を修得し、誤訳を回避しようというのが本章の狙いです。

例題にチャレンジ

副詞または副詞句に注意して各英文を翻訳してみましょう。

a. In the end George is expected to make decisions <u>alone</u>.

b. Whether a machine is good or not does not depend on its price <u>alone</u>.

c. The US <u>alone</u> can go deeply into debt to the rest of the world in its own currency.

●解説● まず a. は、「独力で、自分の力だけで（without the help of other people or things）」（OALD）の意味です。たとえば、Did you do the work alone?（自分ひとりで仕事をしたのですか）という時の alone の使い方と同じです。

つぎの b. は、「（名詞の後ろに置いて）～のみ、～だけ」という意味です。一例を示せば、Bob works for money alone.（ボブは金のためだけに働く）のような alone の使い方と同じ。

最後の c. は、「単に、専ら（only, exclusively）」（POD）という意味です。たとえば、Man alone can speak.（人間だけがことばを話すことができる）のような時に使う alone と同じです。

かように、副詞は、形容詞、副詞だけでなく、名詞を説明する場合もあります。翻訳に際しては、alone がどこにかかっていく副詞なのかを見極めることが大切です。

解答 a. 最終的にはジョージは、自分独りで判断を下すことを求められています。

b. 機械の善し悪しは、値段だけでは決められません。

c. アメリカだけが自国のドル建てで世界じゅうのほかの国々にどこまでも借金を重ねることができる。

翻訳実践にチャレンジ

　では問題です。上記の例を参考にして、個別に問いがあればそれに従い、各英文の翻訳に挑戦してみましょう。

1 a. God requires that people act justly.

　解答　_____

　b. His humor is justly regarded as inimitable wit and wisdom.

　解答　_____

●解説●　この a. は、旧約聖書『ミカ書』(Micah 6:8) と共通点がありますが、act justly とは「人がふみ行うべき正しい道を貫く」ことを言っています。ここでは、「正しくふるまう、正当な行いをする」と訳出できていれば、合格です。

　ようするに、この justly は、「正しく、正直に、正当に (rightly, justifiably)」という意味。これは、動詞 act を説明した語修飾の典型的例です。

　つぎの b. は、文修飾の justly です。ですから、「正しく (／正確に／正当に) 見なされる」などと訳しては×。

　つまりこれは、「あることが真実や現実に基づいていて、主張者の主張どおりだということを認める」文修飾のことばなのです。ですから、「～は当然である、もっともである」という意味になります。したがってこの英文は、It is just that his humor is regarded as inimitable wit and wisdom. と言い換えることができます。

　文修飾の例文を一つ示しておきます。Australians are justly proud of their native wildlife.（オーストラリア人が土着の野性生物を自慢するのも当然である）[『コウビルド英英辞典』]。

> **解答例** a. 神は、人が正しくふるまう（／正当な行いをする）ことを求めておられる。
>
> b. 彼のユーモアはまねのできない機知と知恵だとみなされるのも当然である。

2 a. A man isn't necessarily what he appears to be.

> **解答** _____

b. Graduates from a pilot school must necessarily undergo pilot training before they are given a license to fly.

> **解答** _____

● 解説 ●　まず a. は、部分否定と呼ばれるもので、「あることが本当である可能性もあるが、確実にあるいは常に本当であるとは限らないことを伝える (to say that something is possibly true but not definitely or always true)」(OALD) ために使われる用法です。

　たとえば、A man of family is not necessarily a man of ability.（名門の人が有能な人間とは限らない）も、同じく、部分否定の一例です。

　つぎの b. は、「あることがどうしても避けられないことを言う (to say that something cannot be avoided)」(OALD) のに用います。「ぜひとも、どうしても、かならず」という意。意味的にはこの necessarily は、definitely、inevitably、undoubtedly、surely よりも弱く、probably、presumably よりも強い副詞 (definitely、inevitably、undoubtedly、surely ＞ necessarily ＞ probably、presumably) ということができます。

> **解答例** a. 人は必ずしも見かけによらぬもの。
>
> b. パイロット学校の卒業生は、必ずパイロット訓練を受けなければならない。そうしたのちに操縦免許が与えられる。

3 John is too clever by half.

× ジョンは、生半可に利口である。

解答▶ _____

●解説● この too〜 by half はイギリスの略式表現で、非難や軽蔑をこめて使われます。「人を不機嫌にしたり疑心を抱かせるほどに巧妙で利口すぎる」(OALD 参照) という意味です。

この by half は、「必要以上に (far more than is needed)」(POD) が原義です。ではなぜ by half なのか。

その理由を、「然るべき状態よりももう半分 (つまり50％) だけ一層 clever だ」という意味からきているのだろう、と考える向きもあるようです。しかし、この表現の由来について、詳細は不明です。

解答例▶ ジョンは、利口ぶりすぎる。

4 a. I used to jog practically every day.

解答▶ _____

b. It sounds like a good idea, but I don't think it will work practically.

解答▶ _____

●解説● 副詞の practically は、大まかに分類すると、二つの意味があると言っていいでしょう。まず第一が a. の部類で、「ほとんど、〜も同然 (almost; very nearly)」(OALD) という意味。

第二は b. の部類で、「実際的に、事実上 (in a realistic or sensible way; in real situations)」(OALD) という意味で使われる場合です。

この両方の文例を以下に示しておきます。

(1) The last day of my trip turned out to have really fine weather with practically no clouds.
（旅の最終日はいい天気になった。雲ひとつないも同然だった。）

(2) This can be difficult, both practically and theoretically, for two reasons.
（これは二つの理由で実際的にも理論的にも成立し難い。）

解答例
a. ほとんど毎日ジョギングをしていたものでした。
b. いい考えのようではありますが、それは実際的にうまくいかないだろうと思います。

5 a. Her father quite reasonably refused to get out of bed at that unearthly hour.

解答 _____

b. When you live in the suburbs, there are certain things you have to put up with. If your neighbors are reasonably decent most of the time, just tolerate the minor irritations. 　　　(Annie's Mailbox, IHT 6-7／12／03)

解答 _____

● 解説 ●　まず a. の reasonably は文修飾であり、Her father refused to get out of bed at that unearthly hour が quite reasonable だという意味です。この副詞は、「～はもっともだ、無理もない」という訳語に相当します。

　つぎの b. の reasonably は形容詞 decent を修飾する副詞であり、「ほどほどに (to a degree that is fairly good but not very good)」(OALD) という意味です。

　以上のほかに、reasonably は「賢明に、分別よく (in a logical and sensible way)」(OALD) という意味もあります。たとえば、The boss behaved reasonably in dismissing the employee. (その従業員を解雇するに際しての社長の振る舞いは、分別のあるものだった) のように使われます。

　およそ reasonably の翻訳は、以上述べた三つのうちのいずれかで処理することができます。

解答例　a. 彼女の父がその非常識な時間にベッドから起きだすのを拒否したのは、まったくもって、もっともなことだ。

　　　　b. 郊外住宅地に住んでいると我慢しなければならぬことがそれなりにあります。隣人たちが、ほとんどいつも、ほどほどにまともであるのならば、少々気に障ることがあっても、我慢することです。

6 a. Sato is a common name around here: in fact, there are ten Satos in this class.

解答　_____

b. I happen to be a college-educated male with a good job. I am an excellent cook and a good housekeeper. I don't need a woman to perform these chores. In fact, I enjoy keeping house. Cooking is my hobby and I'm good at it.

解答　_____

●解説●　この in fact は、二つの用法に大別できます。まず a. の場合のように、in fact は「つい先ほど述べた事柄をさらに詳細に述べるために用いられる (used to give extra details about something that has just been mentioned)」(OALD) 用法です。よって、「実のところ、その証拠に」などと翻訳できます。

　もういっぽうの in fact は、「話の内容を強調しようという狙いがあり、と

くに、今さっき述べた話とは正反対の内容を述べるために用いられる（used to emphasize a statement, especially one that is the opposite of what has just been mentioned）」（OALD）用法です。この場合の訳語は、「実際は、いや実際は、それどころではなく」などが適切です。

　以上の二つの用法をいっしょにして、in fact ときたら「つまり」とやってしまう人がいます。これで何とか誤魔化しは利くかもしれませんが、ちっとも正確ではありません。きちんと文脈によって区別して翻訳するようにしましょう。

解答例　a. 佐藤はこの辺ではよくある名前で、実のところ、このクラスにも十人います。

　　　　b. 幸い、大卒でいい職に就いている男性です。料理も家事もお手の物。こういう毎日の仕事は、女性にしてもらう必要がありません。いや、実際は、家事の切り盛りを楽しんでいます。料理が趣味であり、大の得意なんです。

7　a. I was worried about being late for the meeting, but I just managed to arrive in time.

解答　_____

b. In time you will see that Nancy means a lot to you.

解答　_____

●解説●　この a. の in time は、「間に合って、早めに（not too late）」という意味で、be in time for〜と言うときの in time と同じです。これは、楽に正解が出せたことでしょう。

　これより少し意味がずれるのが、b. の in time です。これは、「そのうち、早晩、ゆくゆく、結局は（after a period of time; eventually, when a lot of time has passed）」（OALD および『コウビルド英英辞典』参照）という意味になります。

> 解答例
> a. 会に遅れるのではないかと気が気でなかったが、かろうじて間に合った。
> b. そのうち、ナンシーが君にとって大事な人だってことが分かるだろう。

8 a. Many native speakers don't know the rules of commas very clearly. They do it by feeling.

> 解答　_____

b. From a political point of view, Japan and the USA are clearly in the same boat.

> 解答　_____

●解説●　この clearly が、語を修飾するのか、文を修飾するのかを見分けるのがここでのポイントです。

まず a. は、know という語を修飾しています。たとえば、The curvature of the Earth is clearly visible.（地球の湾曲がはっきりと見える）のような clearly の用法と同じです。こういう clearly は、目や耳の感覚で捉えて「はっきりと」という意味です。

見極めに骨が折れるのが、b. の場合です。これは、文修飾の clearly です。「発言内容が明らかで間違いがないことを強調するために用いられる（used to emphasize that what you are saying is obvious and true）」(OALD) のが、この場合の clearly です。b. のような文修飾の例を二つ、次に示しておきます。

（1）They are clearly wanting in basic social skills and manners as well.
　　（おまけに、彼らに基本的社会習慣と礼儀作法が欠如していることは、明らかです。）
（2）The driver was clearly in no hurry.
　　（その運転手が急いでいなかったことは、明らかです。）

> 解答例　a. 英語国の人間でも、コンマの正しい使い方はあまりはっきり分かってはいないという人間が多いのです。だいたいの感じで使っているんですよ。
>
> b. 政治的に見れば、日米は、運命共同体であることは明らかです。

9　a.　Elena managed to spend her time and money wisely.

> 解答　_____

　　b.　Liz wisely decided to re-check her homework before submitting it.

> 解答　_____

●解説●　この a. は、語修飾です。wisely（賢明に、抜け目なく）は、動詞 spend を説明しています。
　そして b. の wisely は、文修飾になっています。この b. の意味は、It was wise of Liz to decide to re-check her homework before submitting it. という英文とまったく同じです。

> 解答例　a. エレーナは、自分の時間とお金を何とか賢明に使いおおせた。
>
> b. リズが宿題を提出する前にもう一度見直すことにしたのは、賢明なことだ。

10 a. The important thing is to sleep well and not to let stress build up.

解答 ▶ _____

b. You may well find circumstances make it difficult to keep a promise.

解答 ▶ _____

●解説●　まず a. の well は、「じゅうぶんに；かなり（thoroughly and completely; to a great extent or degree）」（OALD）という意味で、あまり誤訳の余地はない副詞です。

つぎの b. の may well は、「～は当然だ、もっともだ（with good reason）」（OALD）という意味です。たとえば、You may well get angry.（あなたが怒るのも当然だ）とか You may well say so.（君がそう言うのももっともだ）のような副詞の用法と同じです。

こういう二つの well の違いは何かといいますと、a. は語修飾、b. は文修飾ということです。

この b. の方は may well～と使われている well だけれども実は文全体に掛かっている、ということが見抜けるかどうかが、ここでのポイントです。

解答例 ▶ a. 大事なことは、睡眠時間をたっぷり（きちんと）取り、ストレスを溜めないようにすることです。

b. 種々の状況から約束を守ることが難しいと思うのは、もっともなことです。

では最後に、これまで学んだ事柄を次の問題で確認してみましょう。

確認テストにチャレンジ

今までの練習を参考にして、個別に問いがあればそれに従い、各英文の翻訳に取り組んでみましょう。

❶ a. Probably, most people using this book will have the chance to go overseas someday, hopefully to a country where English is spoken.

　　解答▶ _____

　b. All kids deserve a Huck Finn summer. We perhaps have lost our collective minds about our overscheduled, overstressed young.　(Peter Applebome, IHT 11／7／08)

　　解答▶ _____

❷ a. We always take things easily and go along comfortably.

　　解答▶ _____

　b. These students read and write English comfortably.

　　解答▶ _____

❸ a. Only 35 percent of American female executives 40 years or younger are mothers.

　　解答▶ _____

　b. You are only allowed to bring two pieces of luggage on board.

　　解答▶

c. Georgetown has had 96 murders this year, only two more than by the same time last year.

解答 _____

④ The population of India, as well as that of China, is too big by half.

解答 _____

⑤ "Do you like beer?"
"Oh, not half!"

解答 _____

17章 副詞は意味の手品師

「確認テストにチャレンジ」の解答と解説

❶ a. <u>多分</u>この本をご利用の方々は、ほとんど、いつの日か外国へ、それも望むらくは、英語国へおいでになる機会があるでしょう。

b. 子供たちはすべてハックルベリー・フィンのような夏休みを過ごすに値します。でも<u>ひょっとすると</u>私たちは予定が詰まりすぎたストレス過剰の若い人たちに対して私たち共通の前向きの気持を向けなくなってしまったのかもしれません。

●解説● これは a. probably と b. perhaps という二つの副詞の訳し方の問題です。前者の probably は、「おそらく、多分、たいてい、おおかた」という日本語に相当。後者の perhaps は、「ひょっとすると、ことによると、もしかすると」という日本語に相当します。辞書によっては、日本語の訳語に混乱が見られます（「多分」と「ひょっとすると」は同義と見なしている英和辞典がある）ので、注意しましょう。

　何を基準に以上のような区別をしたらいいのでしょうか。それは、将来そうなるという可能性や公算の大きさを尺度とします。

　可能性の大きさ順に definitely、inevitably、undoubtedly、surely（必ず、きっと）＞probably、presumably（たぶん、おそらく）＞maybe、possibly、perhaps（ことによると、ひょっとすると）となります。どの副詞が使われているかで、当然、訳し方が違ってきます。日本語の副詞の違いも念のために国語辞典でよく調べてみましょう。

❷ a. 私どもはいつも物事は楽観的に考え、楽しくやっていっています。

b. この学生たちは、何の問題もなく、英語の読み書きができます。

●解説● まず a. の comfortably は、「気楽に、くつろいで」など、ごく普通の意味です。

　注意を要するのは、b. の comfortably で、これは「楽に、何の支障もなく、何の苦労もなく（with no problem）」（OALD）という意味で、「気楽に」ではありません。つまり、「何の苦労もなく自由に英語が読み書きできる」という訳が正解です。

❸ a. アメリカ人女性で40歳以下の経営幹部のうち、35パーセントだけが母親です。

b. 機内には手荷物は2個だけ持ち込めます。

c. ジョージタウンでは、今年、殺人の犠牲者は96人にのぼった。昨年の同時期に比べ、2人だけ多い。

●解説● この a. は、主語限定の副詞 only で間違えようがないでしょう。副詞が名詞を限定する（修飾する）ことは、日本語と同じく、英語にもあります（信じられないという向きは文法書で確認しておいてください）。たとえば、**Only the porch lights are turned on.**（玄関の電気だけが点いている）という時の only がその一例です。

つぎの b. は、動詞を修飾する副詞。ところが、この場合、見た目と意味とが大違い、というのがここのポイントです。もし、**are only allowed to** ～を「～するのが許されるだけ」と訳したら、それは誤訳に近い。なぜなら、この only は、実質的には two pieces of luggage に掛かっています。

ですから b. は、You are allowed to bring <u>only two pieces of luggage on board</u>. と言っているのと同じ意味です。

まさか、と思う人のために幾つか例を示します。

(1) Some areas are only accessible by plane.
　　　　（場所によっては飛行機でしか行けない所もある）
　 = Some areas are accessible only by plane.

(2) You only live once, don't you?（人生は一度しかないものね）
　 = You live only once, don't you?

(3) Most of the Albanian drivers seem to have only received their driver's license recently. Much less room is given, certainly less than in Greece.
　　　　（アルバニア人運転者はほとんど免許取り立てみたいだ。だって、追い抜くとき横をあける間隔が狭すぎる。間隔の狭さときたらギリシャの比じゃない）
　 = Most of the Albanian drivers seem to have received their driver's license only recently.

もちろん、こうした例ばかりでなく、きちんと動詞を修飾する副詞もあります。それは誰しも知るところですので、ここでは触れずにおきます。

　最後に c. は、目的語の位置にくる名詞（句・節）を修飾する副詞です。これも a. の場合と同じく、百パーセント正解だったと思います。同じような文を一つ。I want to live doing only what I like.（好きなことだけをして暮らしたい。）この英文も c. の仲間です。

❹ 中国は言うに及ばず、インドの人口も、あまりにも多すぎる。

　●解説●　この too big by half は、「半分だけ多すぎる」のではなく、「あまりにも多すぎる」の意。この by half は、「とてつもなく、非常に、はるかに（by a great deal, much, considerably, far）」と定義できる副詞句です。

❺ 「ビールは好きか。」
　「うん、とても。」

　●解説●　この not half は、まったく違う二つの顔をもっています。まず第一は、「決して～でない、少しも～でない、全く～でない（by no means, not at all）」（POD）という意味。もう一つは、「とても、大いに、非常に（extremely, violently）」（POD）という意味で、俗語的に用いられるイギリス英語です。

　ここでは後者の、「とても、大いに、非常に」という意味。類例をあげますと、Was Jim annoyed?（ジムは怒っていたか）という問いに、"Not half!" との返事。これは、「それはもうかんかんだったぞ（He was extremely annoyed.）」の意味になります。

18章 婉曲表現を見抜け

本章のテーマ

　婉曲表現には、一般の人間にも分かるものと同業者だけにしか分からないものとがあります。かりに前者を「開かれた婉曲表現」と呼ぶとすれば、後者は「閉ざされた婉曲表現」と呼んでいいでしょう。

　「開かれた婉曲表現」の例から見てみます。代金がいらないことは「ただ」と言いますが、これを「ロハ」というのが婉曲表現。「只（ただ）」という漢字を「ロ」と「ハ」に分解して、「ロハ」と読ませるからくりです。これだと、「これ、ロハで手に入れたよ」というふうに、私たち一般人でも使えます。猿のことを「エテ公」というのも同じ。

　いっぽう、「閉ざされた婉曲表現」としては、寿司職人の用語があります。アワ（ビール）、ガリ（ショウガ）、アガリ（お茶）などは、職人さんたちの符牒というべき婉曲表現でしょう。日常的に使っている人もいるかもしれませんが、私たち一般人は使いにくい。「らっしゃい」という威勢のいい掛け声で入った寿司屋で、客が、「まずアワをもらおう。で、おれはナミノハナでいただくが、こちらさんはムラサキにしてくれ。アワの次はハンニャトウをもらうよ。あ、チョクは一つでいいが、ハイセンをくれ」などと言ったら、寿司職人は気を悪くしてしまう。寿司屋だから、ナミノハナ（塩）、ムラサキ（醤油）までは分かる。

　もちろん、チョク、ハイセンは隠語ではありませんが、お坊さんの隠語ハンニャトウ、など、分かりづらい。般若湯（酒）、猪口（盃）、杯洗（やり取りする盃を洗うための水を張った器）という意味だと理解せよ、と言うのは無理というもの。「もう帰ってくれ」と言われるのがオチでしょう。

　同じことは英語にも言えます。そこで例を一つ。次の文中の romantic の正しい意味を考えてみてください。

　　When you promise to have a romantic evening, don't bail out at the last minute because something is more important. Your "marriage" is most important.

218

(Annie's Mailbox, IHT 1／9／08)

◆ ヒント: 離婚に発展しかねない夫婦間の問題。

× 奥さんにロマンチックな夕べをすごすと約束しているのに、急にほかで大事な用事ができたといって、土壇場になって奥さんとの約束を反古にしないこと。「波瀾のない結婚生活」がいちばん大事なのですから。

この romantic は、日本語の「ロマンチック」とは違います。「性交渉をもつ、夫婦が性的に結ばれる、性交する」という意味です。どぎつい表現を和らげるための言い回しだとお分かりいただけるでしょう。「開かれた婉曲表現」だと言えます。

では、分かりづらい例を二つ。まず、collateral damage（付随的損害）、そして、termination with extreme prejudice（極端な偏見でもってのとどめ刺し）とは何でしょう。前者の答えは、「戦争によって民間人がこうむる財的・人的被害」で、後者は「暗殺、殺人」の意。大きな辞書には二つとも記載があります。でも、ここまで持って回った言い方をされると、判じ物としか言いようがありません。「閉ざされた婉曲表現」だと言えるでしょう。

でも、翻訳に臨んでは、そんな悠長なことは言っていられない。どういう言い回しであれ、婉曲表現を見落とすことなく翻訳しなければなりません。その修業をしていただくというのが、本章のテーマです。

例題にチャレンジ

先ずは婉曲表現に注意して全文を翻訳してみましょう。

I have been married to a wonderful man for over 10 years. In the last two years, sex has become an issue. I've suggested date nights and other little things to keep intimacy alive. （Annie's Mailbox, IHT 4-5／10／08)

● 解説 ●　この date や intimacy は、夫婦が性的に結ばれることを婉曲的に表現したものです。

でも、その前に sex has become an issue の件りがありますので、いまさら婉曲表現を使ってどうする、と言いたくもなりますが、そのものズバリ

を明言しないよう配慮している痕跡は充分にうかがい知ることができます。

これは人生相談欄の文章です。ここに出てくる intimacy は、夫婦の性生活に言及するときに用いられる常套的婉曲表現です。この調子で使われ過ぎて嫌われるといずれ別の表現に代わるのでしょうが、今は専ら、これがよく使われている婉曲表現語彙です。

> **解答** 素敵な男性と結婚して優に十年が経ちます。この二年は、セックスが夫婦の問題に浮上してきています。今夜はいっしょに寝ましょう、だのその種のちょっとした誘いかけをすることで夫婦関係を絶やさないように控え目な提案をしてきました。

翻訳実践にチャレンジ

では問題です。上記の例を参考にして、個別に問いがあればそれに従い、各英文の翻訳に挑戦してみましょう。

1 How many times per night do you usually get up to pass water?

解答 ＿＿＿＿＿＿＿＿＿＿＿＿＿＿＿＿＿＿＿＿＿＿＿＿＿

●解説● この pass water は、make water ともいい、「放尿する、おしっこをする、小便をする（urinate）」という意味です。比喩表現であり、これを婉曲表現とするには異議があるかもしれません。

でも、urinate（放尿する、小便をする）とそのものズバリの表現をするよりも「小水を体外に通過させる（pass water）」という比喩は、生々しさがうすらぐ分だけ婉曲的と言えるのではないでしょうか。

蛇足を一つ。俗語や幼児語としては、「おしっこ」を意味する pee があります。たとえば、『吾輩は猫である』の英訳に、You won't need to wake up in the night to go for a pee.（夜中に小便に起きずにすむ）と湯屋で大人が言う台詞が出てきます。

いずれにせよ、pass water の方が urinate よりは上品で響きもよさそうです。このような婉曲的表現は、とくに scatology（糞便学）の用語として頻出する傾向にあります。

18章 婉曲表現を見抜け

> **解答例** ふだん一晩に何回、小用に起きますか。

2 No one believes her, so as punishment Sally is sent to the local funny farm.

> **解答** _____

●解説● この funny farm とは、「精神病院（mental hospital）」のことです。1963年初出の俗語的婉曲語句ですが、不快語ともされますので、使用上は注意が必要です。

英語国でもむかしは Crazy House（気狂い屋敷）などとひどい呼ばれ方をしたようですが、今は mental home など、差別的でない（politically correct）ことばに変化してきています。

> **解答例** 誰もサリーの言うことを信じない。それでサリーは罰として地元の精神病院に入れられる。

3 The French brand was so effective that it entered the English language, from "Pardon my French" to French fries, French letter and French kiss.

(*The Atlantic Times*, the October 2005 issue)

> **解答** _____

●解説● ここでの French letter は、もちろん、「フランス語の手紙」ではありません。「コンドーム」の婉曲表現です。

ふつう、この婉曲表現の由来を読むとほとんどが、英仏は何世紀にもわたって抗争を繰り返してきた敵対国同士であったために、相手国をののしりさげすむような名称を生んだ。コンドームを French letter と呼ぶのもその一例、というように説明されるのが常のようです。

ところが、面白いことに、ここでは割愛しましたが、この引用の前段には、一連のフランス銘柄は「フランスの」と冠するだけで人気も効果も抜群だった。

221

たとえば、その容貌と大胆なセックス・アピールで一世を風靡した映画女優ブリジット・バルドー (Brigitte Bardot) は、「フランスの」女優だったからこそ、古い尺度にとらわれない魅力的な女性としての地位を英語国に確立した、と書かれています。

このように、French を冠すると高級感があり、確固たる銘柄（brand）として評価された、というのです。この記事の著者が、French～という呼称をそういうふうに捉えている点は、語源の通説とはちがって、じつに面白いと思います。

> 解答例　フランス銘柄というのは、非常に好結果を生んだので、英語の中にも入ってきた。「乱暴な言い方をしてごめん」からフライドポテト、コンドーム、ディープキスという表現に至るまでそうである。

4 His son went west after he fell over and cracked his head.

解答

●解説● この go west は、「死ぬ、滅ぶ、消える（die、perish、disappear）」の意味です。太陽が西に沈むように、一日の終わりを象徴する表現です。それから発して、人生の終わり（the end of one's life）を象徴的に言うようになったとされます。これが「死ぬ」という意味で用いられだしたのは、16世紀からのようです。

いっぽう、新大陸ではどうだったでしょうか。とくにアメリカでは、"Go west, young man, go west!"（若者よ、西部をめざせ、西部を）のかけ声のもとに西部に向かう人間も多かったのですが、それを見送る家族や親戚や知人は、もう二度と生きて会えることはあるまいと思った。西部に行く者は天寿を全うすることはなかろうと思っていた、というのです。

そいういうことから、アメリカでは婉曲表現として、go west は「死ぬ、滅ぶ、消える」という意味が出たとされます。この意味で『オックスフォード英語辞典』に記載される事例は、1919年が初のようです。

> 解答例　彼の息子は、死んだ。転んで頭蓋骨にひびが入ってのことだった。

5　Women and men in developing countries are marrying later, having fewer children and having them later, following the pattern earlier set in the developed world.

> 解答　_____

● 解説 ●　この developing country は、「発展途上国」の意。その前の名称は、underdeveloped country（低開発国）でした。これは差別的だ（politically incorrect）として見直されて登場したのが、この婉曲語法です。

> 解答例　発展途上国の夫婦は結婚年齢が高くなり、産む子供の数も少なく、高齢での出産になってきている。これは先進国がむかし辿ってきた社会形態をそのまま踏襲している。

6　Helen was told her husband had been rushed to the hospital and was shocked to hear he had a negative patient care outcome.

> 解答　_____

● 解説 ●　俗に、「病院用語は、無尽蔵なくらいに婉曲表現の宝庫である（Hospital jargon is a bottomless well for euphemisms.）」と言われますが、これもその一つ。死（death）を「患者治療の否定的結果（negative patient care outcome）」と呼んだものです。

> 解答例　ヘレンは夫が病院へ運ばれたと告げられた。そして死んだ、と聞いてショックを受けた。

7 Developing alongside the new tire market was another phenomenon: the international trade in what one clever salesman called "experienced tires." The global market for used tires is a large and vigorous one, expanding as their uses have multiplied.

解答 _____

● 解説 ●　この experienced tires を「再生タイヤ」とするのは誤訳です。再生タイヤは、retreaded tires と言います。

文脈からして used tires の euphemism（婉曲語法）だということがお分かりだと思います。

この experienced は、「経験を積んだ、使用ずみの」と訳していいと思います。でも、そういうタイヤの中には、まだ使用に耐える物とそうでない物とがあります。使用に耐える場合は走行車用に、そうでない場合は別の用途に用いられる。この仕組みのもとに、中古タイヤの貿易は活況を呈している、という記事内容です。

したがって、experienced tires は、used tires を婉曲的に表現したものです。けれども、実際に使用される例は、極端に少ない。ほとんど無いといっていい。なぜかというと、余程のことがない限り、used tires の方を使ってもあまり差し障りがないからです。

解答例　新品のタイヤ市場と並んで、また別の事が起こっている。気のきいたセールスマンが「経験を積んだタイヤ」と名付けた中古タイヤの国際間取引である。この世界的規模の中古タイヤ貿易は巨大で活気があり、中古タイヤの用途が増大するにつれて、拡大の一途をたどっている。

18章 婉曲表現を見抜け

8 When Jimmy Carter failed in the attempt to rescue American hostages in Iran, he described it as "an incomplete success."

> 解答

● 解説 ● この incomplete success とは、言うまでもなく、failure（失敗）と同義です。でもそれは、不都合な事実であるので、これを隠蔽するためにこのような婉曲表現を用いたというものです。

> 解答例 ジミー・カーター大統領がイランで人質になったアメリカ人捕虜たちを救出する試みに失敗すると、大統領はそれを「未完の成功」と評した。

9 If your mother knew you had sold her jewelry, she would turn over in her grave.

> 解答

● 解説 ● この turn over in one's grave は、死んだ人間について使う成句（idiom）で、「（その人が）今のような事の成り行きに心を取り乱して（墓の中で）嘆き悲しむ」という意味です。

　もし死人が衝撃を受けて墓の中で寝返りを打つならホラーものですが、それを比喩的に使っているところに味わいがある表現です。

> 解答例 お母さんの宝石をおまえが売り払ったと知ったら、お母さんはきっと嘆き悲しんで墓の中で安らかに眠れないぞ。

10 Though he was to gain his fame through a bank robbery, his first experience in unauthorized withdrawals from banks was learned at the knee of "Doc" Tate, an expert safecracker.

>解答> _____

●解説● この unauthorized withdrawal（現金不正引き出し）とは、ここでは、bank robbery（銀行強盗）を遠回しに言ったものです。この婉曲語法は、最近では、銀行や自動現金引き出し機から他人のカードを使って本人に成り済まして不正に現金を引き出す行為 identity theft（成り済まし現金引き出し）を指すことが専らのようです。しかし、ここでは、昔ながらの「銀行強盗」を言ったもの。

　もう一つ婉曲語句を示しておきます。Calling an illegal alien an undocumented worker is like calling a bank robbery an "unauthorized withdrawal."（不法居住外国人のことを不法就労者と呼ぶのは、銀行強盗を「不正現金引き出し」と呼ぶようなものだ。）これは、不法居住外国人に業を煮やした係官の苦々しいコメントの一部です。

>解答例> 彼は銀行強盗として名を馳せることになるが、銀行から現金不正引き出しを行った初体験は、ドク・テイトという金庫破りの名人にじきじき教えを受けたときだった。

では最後に、これまで学んだ事柄を次の問題で確認してみましょう。

確認テストにチャレンジ

今までの練習を参考にして、個別に問いがあればそれに従い、各英文の翻訳に取り組んでみましょう。

❶ Shermans Auto Sales is a family owned and operated pre-owned automobile dealer in Atlanta.

　解答　_____

❷ There are over 18 million alcoholics in America. Cirrhosis of the liver kills over 30,000 people each year. No wonder the bartender says, "Name your poison."

　解答　_____

❸ Would you like to come to my place and see my etching?

　解答　_____

❹ Have you got a portable handheld communication inscriber, please?

　解答　_____

❺ We are always amazed at otherwise loving people who ignore or deny their spouse's need for intimacy.

　　　　　　　（Annie's Mailbox, IHT 15／7／08）　◆ We は人生相談の回答者。

　解答　_____

「確認テストにチャレンジ」の解答と解説

❶ シャーマンズ自動車販売店は、アトランタで家族経営の中古車販売業をしています。

●解説● この pre-owned automobile は、「所有前歴のある車、以前に所有者がいた車」の意。つまり、中古車（used car, secondhand car）のことですが、もっとかっこいい印象を与えるべく、婉曲表現を使っています。

❷ アメリカでは、アル中が千八百万人以上もいる。肝硬変で亡くなる者の数は、毎年、優に三万人はいる。道理で、バーテンは、「酒なる毒は何にします」と聞くわけだ。

●解説● この Name your poison. は、「アルコールは何を飲むかね（What alcoholic drink would you like?）」（Cf. OALD）ほどの意味です。ほかの言い方では、What's your poison? もあります。

この poison は「毒」という意味もありますが、この場合は通常「強いアルコール飲料、強い酒」を意味します。婉曲的ないしは隠語的な使われ方がされています。無賃乗車のことを「薩摩守（さつまのかみ）」というのと同じ。つまり、薩摩守平忠度（ただのり）を「ただ乗り（無賃乗車）」に掛けた言い回しをしている。この手の婉曲表現です。

また、最近は、「このコンピュータ落としといて」などと人に頼んで帰ったりします。頼まれた人は「ああ、分かりました」と言ってコンピュータを床に落とすひとはいないでしょう。この頼みは、データが消えないよう然るべき手順を踏んでコンピュータの電源を落としておいて、という意味なのですから。つまり、「電源を落としておいて」という業界内の用語というべき「開かれた隠語」です。そうとは知らず、PCを本当に床に落としたら、これは一大事。

同様に、Name your poison. も誰にも分かる隠語的表現で「酒は何を飲みたいですか」と聞いている、というわけです。

③ ぼくのところに来てセックスしない。

●解説● おっと、すみません。危険な英語でした。でも、日本人がおおかた知らないだけで、英語国人はみな意味が分かっていますから、男女を問わず、言われたら意味が分かるようにしておきましょう。

この etching の意味を辞書に記載すること自体が卑俗とされ、また、taboo（禁忌）とされているのではないか。そう思えるほど、わが国はおろか英語国の辞書にもまず見当たりません。ネット検索にかけるとかなり出てきますが。

これは、絵画のエッチングとは何の関係もありませんので、ついていくようなことはなさいませんように。ゆめご油断召さるな。

④ 筆記用具をもっていませんか。

●解説● この portable handheld communication inscriber は、直訳すると、「携帯型手持ち式通信用筆記具」の意。ようするに、鉛筆、ボールペン、万年筆の類を指します。

こんな婉曲語法を使う機会はまずないでしょう。もし不用意に使いでもしたら、大笑いされるか、冗談半分で袋叩きにされるかのどちらかでしょう。

⑤ いつも驚いてしまいますが、ほかの点では情愛深いのに、性交渉したいという配偶者の要求となると無視したり拒否したりするカップルがけっこうあるのです。

●解説● このように訳してしまうと身も蓋もないのですが、intimacy は having sex ということを言わんとした婉曲語法です。この部分だけでは、にわかには分からないという方もあったかもしれません。

でも、普通は前後の文脈がありますので、全体を読めばそれが何を意味するか分かる仕掛けになっています。ですから、そう心配は要りません。

19章 構造転換訳は不可欠

本章のテーマ

　英文の構造は、文法的には伝統的な5文型、そして、単文・重文・複文という構造に分析できます。こういうことばを聞いただけで拒絶反応を起こす向きも多いかもしれません。でも、ご安心を。普通のことばで説明いたします。

　ここでは文法用語はできるかぎり使わず、英文の形や型、あるいは、構造に焦点を当てて説明するつもりです。

　そして、その構造を別の構造に転換して翻訳する方法を身につけていただこうというのが、本章のテーマです。

　ひと口に構造転換訳といっても、ここで扱う構文はさまざまです。強調構文もあれば、物主構文もある。さらには、態の変換から、話法の変換までも含んでいます。

　この中には、もうすでに、別の章で学習済みの事柄も含まれることがあります。というのは、翻訳という作業は、同心円のように展開するのではなく、各種別個の円を描きながら展開するがゆえに、かなり重なり合う場合も多々あるからです。

　たとえば、本書ぜんたいをとおして、「翻訳は原文どおりに頭から」翻訳するというモットーは、各章で生きています。だから、原則として、どの章においても不変原則として存在するわけで、円の中心点は同一ではないけれども、重なり合わざるを得ないというわけです。

　さて、ここで扱う構造転換訳は、一見、日本語にはなりづらいような原文をうまく日本語に翻訳するコツを随所に紹介しています。どうかぜひ、その技法を学び取っていただきたいと存じます。本章の狙いもそこにあります。

例題にチャレンジ

　先ず次の英文を文構造を転換して全文を翻訳してみましょう。

> My wife insisted on my picking up the tab for the people sitting at the next table.

● 解説 ●　この my picking up the tab の部分は、picking という動名詞が使われています。この動名詞というのは、文字どおり、動詞の機能を保持した名詞で、目的語や補語を取ることができます。というのは、動詞がそのまま名詞化されたものですから、「〜すること」という意味を帯びているわけです。

　ということは、動名詞というのは、動詞の機能をまだ失っていない。したがって、主語・動詞を含む節に置き換えてやることが可能です。すると、この英文は次のようになります。

　　My wife insisted that I should pick up the tab for the people sitting at the next table.

これをことばのまとまり（chunk）として訳すと、「妻はこう言い張って譲らなかった・私が勘定を払うべきだ・隣の席に坐っている人の分も」となります。

　ちなみに、the people sitting at the next table の sitting は、同じ動詞の原型＋ing の形をしていますが、現在分詞と呼ばれるもの。進行形をつくったり、名詞を修飾する形容詞的働きをしたりします。したがって、the people who were sitting at the next table というふうに解釈してかまいません。

　ようするに、ここでのポイントは、単文を複文に転換することによって、漢語調でない、やまとことば的な訳文が得られる、ということです。

　解答　妻は、隣のテーブルに坐っている人たちの勘定までも私が支払うべきだと言ってきかなかった。

翻訳実践にチャレンジ

では問題です。上記の例を参考にして、個別に問いがあればそれに従い、各英文の翻訳に挑戦してみましょう。

1　My daughter had to have her hair cut short before swimming classes in physical education.

　　　△　うちの娘は、体育の時間の水泳のクラスが始まる前に、髪を短く刈ってもらわねばならなかった。

　解答

●解説● これは had to ... before〜となっている構文で、注意が必要。この場合、「…してはじめて〜する、…しなければ〜しない」の意に解釈するのが正解です。ちょっと見た目には、「〜する前に…しなければならなかった」でよさそうですが、had to という助動詞句が威を振るっています（助動詞については別の章で詳述）ので、いま少し突っ込んだ読みが必要です。

before 以下 swimming〜とあるのは、「彼女が泳いだ（she swam）」ことを過去の事実として述べています。そして before の前では、「髪を短く刈ってもらう（have her hair cut short）」ことは必須だった（had to）ことが述べられている。したがって、「髪を短く刈ってもらって初めて before 以下できた」と解釈できる。

つまり、ここでは「A before B」のような事柄Aと事柄Bの単なる時間的前後関係を示しているのではない。「Bであるためには、Aでなければならなかった」ことを強調しているのです。この点を見落としてはなりません。

したがって、別の解答として、「うちの娘は髪を短く刈ってもらわねばならなかった。そうしたのち初めて、体育で水泳の授業が受けられた」とするのも、正解です。

解答例▷ うちの娘は、髪を短く刈ってもらわなければ、体育で水泳の授業が受けさせてもらえなかった。

2 A new survey has revealed widespread ignorance of the health risks posed by asbestos.

△ 新しい調査が、アスベストによって引き起こされる健康上の危険について広範囲にわたって無知であることを、明らかにした。

解答▶ _____

●解説● まず A new survey has revealed〜のような構文は、もともと日本語にはない構文です。これは、「物主構文」と呼ばれるもので、主語に a new survey（新しい調査）のような「無生物主語」が使われているのが特徴です。

意味は、△印の訳文のように「新しい調査が〜を明らかにした」となりま

すが、日本語にない「物主構文」をそのまま日本語に置き換えただけの訳文となっています。もう一つ、△印の訳文の欠陥は、訳文の主語（「新しい調査が」）と動詞（「明らかにした」）が遠く離れている点です。翻訳の文章は、主語と述語をできるかぎり接近した文章にすること。これは、訳文をつくる際に翻訳者が必ず心得ておくべき重要事項です。

それゆえ、主語（「新しい調査が」）と動詞（「明らかにした」）を接近させた上で、構造を転換し、「新しい調査によって明らかになったことがある。」と訳してしまいます。こうすると、日本語らしい文章に生まれ変わります。

さらにもう一つ、revealed の目的語である widespread ignorance of the health risks という名詞句を名詞節に転換します。すると、We (People in general) are widely ignorant of the health risks となる。

さらにまた、必要とあれば、risks posed by asbestos も risks which asbestos poses というように態転換をします。

こういうプロセスを経ると、△印のような和文英訳レベルのぎこちない訳文のしがらみから抜け出し、よりいっそう読みやすい訳文に仕上がります。

> 解答例 新しい調査によって明らかになったことがある。それは、アスベストが引き起こす健康被害の危険性を世の人々があまねく知っているわけではない、ということだ。

3 I personally cannot remember a single policy proposal from John.

解答

● 解説 ●　ここでは、a single policy proposal from John という名詞句を名詞節に変える翻訳、つまり、単文構造を複文構造に転換する訳し方をするのがポイントです。

この句は、a single policy proposal made by John という意味ですから、John has made a single policy proposal という主語・動詞を含む節に転換します。そしてこれを I personally cannot remember につなげると、単文構造を複文構造に置換した訳文ができあがります。

もちろん、慣れてくるにつれて、いま述べたような手順を踏まなくても、すべて頭の中で簡単に処理できるようになります。お試しください。

> [解答例] 私自身はジョンが政策提案を示すのを一度たりとも聞いた覚えがありません。

4 構文を間接話法から直接話法に転換して翻訳してください。

Sometimes Jill has to be reminded that self-initiative is one of our core values.

　　△　ジルはときどき自主性が私たちの基本的価値観の一つであることを思い起こさせられる必要があります。

[解答] _____

●解説● この英文は、that 以下が be reminded の具体的内容です。それを直接話法的に読点で区切って、日常話すことばに置き換えて翻訳する技法を用います。

ひとつ注意すべきは、その直接話法的なことばを「　」でくくらないこと。くくってはいけません。原文が、直接話法ではないからです。原文がそうでないのに、「　」でくくってはいけない。解答例のように、読点を使う程度のことばにとどめておくべきです。

念のために、類例をもう一つ示しておきます。

It doesn't help if other people remind them to be quiet.

　　△　他の人が彼らに静かにするように注意しても効果はない。

　　○　ほかの人たちが、あなたたち、静かにしなさい、と注意してもてんで効果がない。

この○印の訳文のように、読点（,）を使ってさりげなく直接話法に転換します。でも、引用符号（「　」や『　』）は決して使わないこと。

> [解答例] ときどきジルには、あなたね、自主性ってものが私たちの基本的価値観でしょうが、と注意しなくてはなりません。

19章 構造転換訳は不可欠

5. Take photos of the area, even if there is nothing to be seen anywhere around you.

解答

●解説● ここでは There is nothing to see.（見るべきものは何もない）と There is nothing to be seen.（何も見えない）の違いがきちんと理解できているかどうかがポイントです。

他動詞の see は、「〜を見る、〜が見える」という意味ですが、nothing to see と nothing to be seen では、まったく意味が違ってきます。to be seen は、受身形をしていますが、否定形の名詞・副詞といっしょに使われると、がらりと意味が変わります。例を二つ挙げます。(1) は名詞といっしょに使われた例、(2) は副詞といっしょの例です。

(1) There is nothing to be seen.（何も見えない。）
　　= I can't see anything.／There is nothing visible.
(2) He is nowhere to be seen.（彼の姿はどこにも見えない。）
　　= I can find him nowhere.

この二例と、There is nothing to see.（見るべきものは何もない。）という文を混同しないようにしましょう。

したがって、問題の正解は、「たとえ周囲に何も見えなくても」という訳文が正解になります。英文は受動態であるけれども、翻訳では能動態にしなければならない（こういう態の転換訳については別の章で詳述）というのがここでのポイントです。

解答例　地域の写真を撮りなさい、たとえ周囲に何も見えなくてもだ。

6. Her friends became estranged from her because of her better upbringing and sounder family.

　　△　彼女の友人たちは、彼女の育ちの良さとしっかりした家柄ゆえに、彼女と疎遠になった。

解答

●解説● 英文にある名詞句を主語と動詞を備える節に転換して翻訳するのが、ここのポイントです。

まず、because of が従えている her better upbringing and sounder family は、名詞句であることは一目瞭然で、これを元の節に戻してやると、because she had a better upbringing and a sounder family あるいは because she was better brought up and in a sounder family となります。こういう手順を踏んで翻訳していけばいいわけです。

とはいえ、私たち日本人の場合は、そこまで手数をかけずとも、英文和訳的な△印の訳文から一挙に解答例のような訳文をつくり出すことができるはずです。

解答例▷ 友人たちは彼女と疎遠になった。そのわけは、彼女がきちんと躾けられており、家柄がしっかりしていた（／氏も育ちも良かった）からだった。

7 The upper classes in any society are more satisfied with their lives than the lower classes are, but they are no more satisfied than the upper classes of much poorer countries.

　　× どんな社会であれ、上流階級は下層階級よりは生活に満足している。しかし、そういう上流階級が生活に満足しきっていないように、たいていの低開発国の上流階級は生活に満足しきっていない。

解答▷ _____

●解説● この英文の but 以下は、They are not satisfied any more than the upper classes of much poorer countries. と表現しても、意味は同じです。

では、なぜ×印の訳が不正解となるのでしょうか。ひと言でいえば、話題の主体（ここでは The upper classes in any society）とそれを述べるために引き合いに出された別個の主体（ここでは the upper classes of much poorer countries）とを混同したことに起因しています。

もっと分かりやすくするために、I am no more mad than you are. という例文で説明しましょう。この訳は、以下の○印のみが正解です。

- ×（1）I が mad でないように、you も mad でない。
- ○（2）I は、you が mad でないように、mad でない。
- ○（3）I が mad でないのは、you が mad でないのと同じだ。
- ○（4）You が mad でないがごとく、I も mad でない。

ようするに、×印の訳は、この（1）のように解釈したので、誤訳になったのです。話題の中心（主体）は、あくまでも I の位置にくるものであって、you（または you の位置にくるもの）ではないのです。I と you のどちらが主であり、従であるか、これを見極めそこなった。話題の主従を混同した。そのために、誤訳が生じた、というわけです。

別の言い方をすれば、構造転換訳はしてもかまわないが、話の流れ（文脈の筋）まで勝手にいじってはならない、ということです。それがここでの重要なポイントです。話の筋（context: 文脈）には注意しましょう。

> **解答例** どんな社会であれ、上流階級は下層階級よりは生活に対する満足度は高い。しかし、そういう上流階級が生活に満足しきっていないのは、低開発国の上流階級がたいてい生活に満足しきっていないのと同じである。

8 The driver was unhurt because the car had bulletproof glass.

　　△　車は防弾ガラスだったので、運転手に怪我はなかった。

解答　_____

● 解説 ●　ふつう和文英訳的に訳すと、△印のようなものになります。それは、「A because B」という原文を、「B なので A だ」というふうに、原文の構造をそのまま訳文に取り入れるからです。

これが間違いというわけではありません。大学入試などでは立派に合格です。でも、翻訳する場合は、英語は順に頭から訳す（これについては別の章で詳述）という原則と、本章での「構造転換訳」という二つを踏襲して翻訳

すると、思い切ってズバリ、「AであるのはBだからだ」という構造に転換することができます。

　言うなれば、これは、原文はそのままにして、翻訳者の頭の中だけで原文に手を加え、英語構造とはちがった日本語構造に置き換えるという荒わざです。

　ことばをかえて端的に言えば、語順どおりに訳すという原則を遵守すると、どうしても、この正解例にあるような、構造転換訳をせざるを得ない、という理屈になります。そういう事例が驚くほど多いのです。ということは、逆に、翻訳では構造転換訳は避けてとおれないということでもあります。

　解答例▷　運転手に怪我がなかったのは、車は防弾ガラスだったからだ。

9　I always come here when I need to get away from everything, when I need to clear my mind and get my head straight.

　　△　すべてから逃げ出したいとき、心をきれいにして頭の中をすっきりしたいときに、私はいつもここに来ます。

解答▷ ＿＿＿＿＿＿＿＿＿＿＿＿＿＿＿＿＿＿＿＿＿＿＿＿＿＿

●解説●　この英文には when 節が二つあります。この二つは同格で、前の when 節を後ろの when 節がさらに詳しく説明しています。したがって、「A when B, when C」という構成で、when B = when C ということになります。

　これを単純化しますと、「A when B」の構造です。訳は、「BのときAだ」という意味です。ところが、これを「AであるのはBのときだ」と翻訳してしまう。これが、ここでおすすめするポイントです。

　たとえば、**Kids rarely keep safety in mind when they are playing.**（子供たちがほとんど安全かどうかを気にしないのは、遊んでいるときだ。）というように訳します。

　つまり、「…の時〜である」（原文）を「〜であるのは…の時だ」（訳文）と構造転換をする、というわけです。これも翻訳技法の一つに加えていただきたい方便です。

238

|解答例| 私がここに来るのはいつも何もかもから逃げ出したいとき、つまりは、心をきれいにして頭の中をすっきりさせたい時なんです。

10 It was unfortunate that one of their staff had slipped up on the reservation as they thought it was only for three persons.　　◆レストランが予約受け付けで受付ミスを犯してしまった状況下。

|解答| _____

●解説●　この It は、形式主語（仮主語）で、that 以下が真主語になります。頭でっかちの主語にならないよう It を仮主語にしたものです。

　構文は、「It was unfortunate that〜」という構造で、意味は「that 以下だったのは、unfortunate だった」というものです。そして that 以下の中にある as は、「〜なので、〜だから」を意味する従属接続詞です。

　この英文を訳すにあたっては、「unfortunate なことに、that 以下だった」と、英文構造をまるっきり変換して翻訳するというのが、ここでの学習ポイントです。

　たとえば、It was unfortunate that so many things had happened to Anne.（まずいことに、まったく色んなことがアンの身にふりかかった）のように処理します。これも翻訳技法の一つとしてご活用ください。

|解答例| まずいことに、レストランの従業員のひとりが、うっかりミスを犯したのだった。レストラン側は、てっきり、予約人数は三人だけだと思ったためだった。

では最後に、これまで学んだ事柄を次の問題で確認してみましょう。

確認テストにチャレンジ

今までの練習を参考にして、個別に問いがあればそれに従い、各英文の翻訳に取り組んでみましょう。

❶ I could feel people's eyes on me as I skated.

◆ could = was able to.

△ スケボで進みながらみんなの視線がぼくに注がれるのを感じた。

解答▶ _____

❷ The great difficulty of these nursing home residents was not with eating but with bathing, moving about, dressing, personal hygiene, and toilet use.

△ こういう居住者の、老人ホームでの最大の困難は、食事に関してではなく、入浴、移動、着替え、身の清潔それに用便に関してであった。

解答▶ _____

❸ I'd like to invite you to join us for lunch when our chairman of the board visits Japan next month.

△ 来月、本社の社長が来日します。そのとき、お昼にお招きしたいのですが。

解答▶ _____

❹ It's the lack of oxygen that produces the symptoms of headache, dizziness, fatigue, and in some cases, problems with thinking.

△ 頭痛、めまい、疲れ、時によっては、思考障害の症状を生むのは、酸欠である。

解答 _____

❺ We went to the lookout point. There we saw the great ocean under our eyes.

　△　私たちは展望台へ行った。そこで私たちは大海原を眼下に見た。

解答 _____

「確認テストにチャレンジ」の解答と解説

❶ みんなの視線がぼくに注がれているのを感じながら、スケボで進んだ。

●解説● この as I skated の as は、「〜しながら」という意味で、when や while よりも同時性が強いとされる従属接続詞です。

この英文は、「A as B」の英文構造をしており、英文和訳では「B しながら A だ」と訳せば合格点がもらえます。

ところが、これを、「A しながら B だ」と訳してしまう。そんな無茶なことをして大丈夫か、とお思いでしょう。大丈夫です。

その証拠に、△印の訳よりも、解答例の訳文の方が格段に読みやすいですし、臨場感もいっそう増しています。おまけに語順どおりでもある。

まさに構造転換訳の快挙と言えるのではないでしょうか。これも、重宝する翻訳技法の一つです。

❷ 老人ホームに住むこういう人たちが大いに難儀したのは、食べることではなく、入浴したり、移動したり、着替えたり、身の清潔を保ったり、用便をしたりすることでした。

●解説● この△印の訳は和文英訳ながら、意味はじゅうぶん分かります。立派なものです。そして誤訳もない。

もし難点があるとすれば、それは、いささか英文の名詞構造をそのまま訳出しすぎている点です。たとえば、difficulty、eating、bathing を「困難、食事、入浴」とそのまま訳しているところです。

ここでは、原文はそういう名詞構造でも、訳文では動詞構造に置き換えて翻訳すると日本語らしくなる、というのがポイントです。つまり、The great difficulty of these nursing home residents（名詞句）を、These nursing home residents were in great difficulty with〜（主語・動詞を含む節）に構文を転換したものを訳す、というわけです。

つまり、原文中の名詞構文は、できるかぎり本来の動詞構文に還元したうえで訳出する方が、やまとことば的に自然な翻訳に仕上がります。これは、翻訳の常套手段といってもいい技法です。

❸ あなた様をお昼にお招きしたいと思っております。それと申しますのは、わが社の社長が来日いたします来月でございます。

●解説● ふつう、「A when B」は、「BのときAである」のように訳すのが圧倒的に多いでしょう。ところが、語順どおりに、「Aである。そのときBだ」というように構造転換をして訳してしまう技法がこれです。

こう言うと、驚きと抗議の声が上がるかもしれません。この when は、制限用法の when であって、when の前にコンマを伴う非制限用法ではないぞ、と。これでいいのです。

なぜか、と言いますと、「A when B」の構文は、制限用法か非制限用法かを問わず、すべて「A」に重点が置かれているからです。つまり、言いたいことや重要な伝達情報をまっ先にズバリ言ってしまうというのが、英語の特性です。だから、「when B」は、いちばんまっ先に伝えたい伝達事項「A」をおぎなう補足事項といっていい。

これは、語順どおりに頭から訳す（このテーマについては6章で詳述）という原則にも叶っていますし、重要伝達事項はまず最初に伝える、という英語の特性を活かした翻訳にもなっています。

つまり、「Aなのですが、それはBという時（when B）です」という構造に置換する方法です。こういう構造転換訳は、制限用法か非制限用法かにかかわりなく、語順どおりに翻訳できる場合が多いのです。意外にうまくいく技法の一つです。ぜひ試してみてください。

❹ 酸欠こそが、頭痛、めまい、疲れ、時によっては、思考障害の症状を生む。

●解説● こういう文は、強調構文といい、「It is A that B」という構造をしています。そもそも強調構文の見分け方は、It is（ここでは It's）と that を英文から消し去り、残る英文を前から順に読んでみて（. . . the lack of oxygen . . . produces the symptoms of headache, dizziness, fatigue, and in some cases, problems with thinking.）、きちんと意味が取れれば、強調構文である、訳し方は、that 以下を先ず訳し、次に It is 以下を訳せ（△印の訳がそれ）というふうにむかし教わったと思います。

それを、あろうことか、「酸欠こそが〜の症状を生む」として、「Aこそが

Bだ」と訳してしまうものですから、びっくりなさったことと思います。

　でも、このように原文に寄り添った翻訳をしたほうが、むかし習った強調構文の訳し方よりは、はるかに話者ないし筆者の思考の発露を忠実に日本語に再現していると言っていいでしょう。

　以下にもう一つ例を示しておきます。（△印は、むかしながらの和文英訳。）

It is only in recent years that people have started to forget the war.

　　○　ごく最近になってやっとのこと、人々は例の戦争のことを忘れ始めた。

　　△　人々が例の戦争のことを忘れ始めたのは、つい最近のことだ。

❺　展望台へ行ってみると、私たちの眼下には大海原が広がっていた。

　●解説●　英文が二つ並んでいます。最初の文は、「SV ＋ to the lookout point.」で第1文型。二番目は、「There ＋ SVO ＋ under our eyes.」で第3文型です。

　以上の文法事項は知らなくても、ここでは問題ありません。ただ、この英文は、単文（S ＋ V の構造を1つしか含まない文）2つから成り立っていることが分かっていただければ充分です。

　ちなみに、英文1つの中に S ＋ V の構造が二つ以上あるものを重文といいます。また、S ＋ V の構造が二つ以上あって、それが従属接続詞（if、before、when、that など）で結ばれているものは複文といいます。なお、接続詞には、等位接続詞と従属接続詞の二種がある。等位接続詞は、乱暴な言い方をしますと、so、for、yet、but, and、for の6つだけで、あとはすべて従属接続詞と覚えておけばいいでしょう。そこで、単文と単文が等位接続詞で結合しているのが重文。従属接続詞で結合しているのが複文。ここはこれだけで、じゅうぶんです。

　ようするに、「単文A。単文B。」というのが、設問❺の英文である。そして、その英文をそのまま訳したのが△印の訳文である。何の変哲もありませんから、ここまでは、理解していただけたでしょう。

　ところが、びっくり、なんと「単文A。単文B。」を「When 単文A、単文B。」という複文構造に構造転換して訳してしまった。それが、解答例の訳文です。

△印の訳文と解答例の訳文を読み比べてみてください。解答例の方が読みやすく、躍動感があり、臨場感もあります。一見なんでもないような英文でも、その内包する意味を汲み取り、構造転換して訳すことで、訳文に生気と感動を吹き込むことができます。
　これも翻訳技法の一つですが、この種の技術をあらたに自分でも工夫し、技量を磨けば、すばらしい世界が開けると思います。

20章 全章のおさらいテスト

さて、最後の仕上げです。今まで学習したことを踏まえ、各英文の翻訳に挑戦してみましょう。

1 California has managed to follow Massachusetts' example and legalize gay marriage by judicial fiat.

◆ヒント: 2章を参考に。

解答▶ _____

2 There are actors and actors. ◆ヒント: 2章を参考に。

解答▶ _____

3 As he appproached the village he met a number of people, but none whom he knew, which somewhat surprised him, for he had thought himself acquainted with every one in the country round. （Washington Irving, "Rip Van Winkle"）

◆ヒント: 3章を参考に。

解答▶ _____

4 I always feel that my colleagues keep a jealous eye on me.

◆ヒント: 4章を参考に。

　　× 私はいつも同僚に嫉妬視されていると感じています。

解答▶ _____

5. To an ordinary person, summer might mean barbecues and trips to the beach. ◆ヒント: 5章を参考に。

△ 庶民にとって夏はバーベキューと浜辺への旅行を意味するのかもしれない。

解答▶ _____

6. I was shaving in my room when there was a knock on the door. (Hemingway, *The Sun Also Rises*) ◆ヒント: 6章を参考に。

△ ドアをノックする音がしたとき私は自室でひげを剃っていた。

解答▶ _____

7. 次の和文の誤りを正しなさい。

　七十年を超える長年の歴史の中には、さまざまな要人らが同ホテル［雲仙観光ホテル］を訪れた。六一年には昭和天皇・皇后両陛下がご宿泊。庭にある満開のヤマフジを拝見され、御製を披露されたという。五四年には映画「君の名は」のロケが雲仙で行われたが、岸恵子ふんする主人公・真知子の勤務先として、同ホテルが舞台になった。

（『長崎新聞』TS記者筆、『大分合同新聞』夕刊転載 18／7／06）

◆ヒント: 7章を参考に。

解答▶ （誤り） _____

（正解） _____

8. I doubt that the average American can tell you what the Boston Tea Party was about. ◆ヒント: 8章を参考に。

解答▶ _____

247

9. Nicola graduated from Warwick University with a BA in English and American literature. ◆ヒント: 9章を参考に。

　　× ニコラは、英米文学の学士号を取ってウォーウィック大学を卒業した。

解答▶ _____

10. You had better get as much sleep as possible if you come home exhausted.
◆ヒント: 10章を参考に。なお、had better は助動詞（句）と見なして。

解答▶ _____

11. 以下の英文の翻訳は、下線部に誤訳があります。その部分を正しく翻訳してください。

　　We went out into the street again and took a look at the cathedral. Cohn made some remark about it being a very good example of something or other, I forget what. It seemed like a nice cathedral, <u>nice and dim</u>, like Spanish churches. （Hemingway, *The Sun Also Rises*）◆ヒント: 11章を参考に。

　　× また外の道路にもどってから、大寺院を見物した。それはなんとか様式の代表的な例なのだという講釈をコーンがしてくれたが、どういう様式なのかは忘れた。<u>格調があって薄暗い</u>、ちょうどスペインの教会のような素敵な寺院だった。（HT氏訳　S社）

解答▶ _____

12. I'm still at the office, honey. The boss is making me work late. ◆ヒント: 12章を参考に。

　　△ ぼく、まだ会社なんだよ、きみ。社長がぼくに残業させているんだ。

解答▶ _____

13 He routinely gets up at 5:30 a.m. and usually runs eight kilometers before work.

◆ ヒント: 13章を参考に、usually は名詞に転換して。

解答 _____

14 新鮮な魚介類がロンドンの店頭に並んでいるという記事に続き、次の件りになります。下線部 perishable fish をうまく翻訳してください。

Less than 24 hours before, many of these fish on sale were passing through the port of Las Palmas in the Canary Islands, as a port with five inspectors to evaluate 360,000 tons of <u>perishable fish</u> that must move rapidly through each year.　　(Elizabeth Kosenthal, IHT 16／1／08)

◆ ヒント: 14章を参考に。

　△　店頭に並んでいるこれらの魚は、一昼夜以前の時点では、ほとんどがカナリア諸島のラスパルマスの港を通過中であった。この港には検査官が5人いて、毎年、36万トンもの<u>傷みやすい魚</u>を査定し、迅速を当然のこととして、すみやかに通関させる。

解答 _____

15 This beer is a meal in and of itself.　　◆ ヒント: 15章を参考に。

解答 _____

16 "He has an introverted personality that works well when life is good, but not when the chips are down."

(Sarah Lyall, IHT 6／12／07)　◆ ヒント: 16章を参考に。

解答 _____

17 You are only allowed to have pencils, erasers, a watch and your ID with a photo on your desk. ◆ ヒント: 17章を参考に。

解答 _____

18 For the past few weeks, my 3-year-old son has been pulling down his underwear and touching himself. When he sees us watching, he immediately stops.

(Annie's Mailbox, IHT 6-7／9／08) ◆ ヒント: 18章を参考に。

解答 _____

19 It soon got dark, and I set up camp in the quiet woods along the side road. I was only woken once in the night. Packs of coyotes yapping and howling and scrapping near my campsite. The din was enough to deter me from getting up for a 2 a.m. pee. ◆ ヒント: 19章を参考に。

解答 _____

20 Robert Cohn (He) は、三十代半ばの人妻 Brett と関係をもったことがある。浮気な遊び人である Brett は、今は、十九歳の闘牛士と熱々の仲。こういう状況で、Brett がいる前で、元イェール大学ボクシングチャンピオンである Cohn は、闘牛士と殴り合いの死闘を演じた。それを評したのが、次の件りです。全文を翻訳してください。

"He nearly killed the poor, bloody bull-fighter. Then Cohn wanted to take Brett away. Wanted to make an honest woman of her, I imagine. Damned touching scene."

(Hemingway, *The Sun Also Rises*) ◆ ヒント: 16章を参考に。

解答 _____

「全章のおさらいテスト」の解答と解説

1 カリフォルニア州は、マサチューセッツ州の事例に従い、法的認定によって同性同士の結婚をなんとか合法化しおおせた。

● 解説 ●　これは英文も背景にある文化も翻訳しづらい内容です。また、この解答例が完璧だと申し上げるつもりもありません。ほんの一例です。

　ただ、第一のポイントは、manage to や by judicial fiat をどう処理するか。manage to は、「難しい事柄をなんとか成し遂げる」ということで、by judicial fiat は、「司法が合法だと認定することによって」の意味だと解釈できます。

　第二のポイントは、gay marriage の意味を正しく捉えているかどうか。「ゲイ（男）同士の結婚」という意味だ、と早とちりしませんでしたか。

　これは、ゲイ同士のみならず、レズビアン同士が結婚することをも意味しています。つまり、same-sex marriage（同性同士の結婚）を意味しているというわけです。

2 俳優といってもピンからキリまである。

● 解説 ●　これは There are good and bad actors.（俳優にも良いのやら悪いのやらさまざまいる）という意味です。英和辞典で and の項目をじっくり読めば、出ているはずです。

　英英辞典でも and を引くと、There are books and books.（本といってもピンからキリまである）を例文にあげで、これは、good and bad（いいのと悪いのと両方の）という意味だ（**POD** 参照）と説明がなされています。こまめな辞書引きが肝心という例です。

3 村に近づくにつれて多くの人たちに会ったが、見知った人間は一人もいない。これにはいささか驚いた。というのは、この一帯の田舎には自分と顔見知りでない人間は一人もいない、と思っていたからである。

● 解説 ●　この he は、物語の主人公 Rip ですが、he だけで4つあり、それに him や himself が出てきます。解答例では、こういう「彼は、彼を、

彼自身」などの代名詞は、訳文からほとんど排除した翻訳になっています。

　このように、代名詞を訳文から極限まで削り取った翻訳であれば、正解です。そもそも「彼、彼女」の類は、明治時代以降に外国語翻訳用に発明されたことばです。ですから、訳文に多用すると日本語の文章に馴染まず、読者は違和感を感じてしまうことにもなりかねません。

4　同僚たちは私から警戒の目を離さない、と私はいつも感じています。

　●解説●　この jealous eye の jealous は、「警戒する; 油断のない、用心深い」の意味であり、envious（ねたみ深い）の意ではありません。

5　庶民にとって夏といえば、バーベキューを楽しんだり、浜辺に繰り出したりすることが何より重要なことなのかもしれない。

　●解説●　この英文の構造は、「A means B to C」という構文で、意味は「AはCにとってBという重要な意味をもつ」という意味です。

　そしてこのBに相当するのが、barbecues と trips to the beach の二つです。そっけない△印のような訳に、ことばを補充すると、一段と読みやすい訳文に仕上がります。

6　自室でひげを剃っていると、ドアをノックする音がした。

　●解説●　この英文は、ほかに、「自室でひげを剃っていた。そのときドアをノックする音がした」のように処理してもかまいません。when が制限用法であるか否かとは無関係に、このように頭から翻訳してけっこうです。

7　（誤り）拝見され
　（正解）ご覧になり

8　平均的アメリカ人は、ボストン茶会事件がどういうものか説明ができないと思います。

　●解説●　この doubt が that 節をとると、「that 以下ではないと思う」と訳します。doubt という動詞はそのように訳すというのが、ここでの重要ポイントです。

たとえば、I doubt that I'll have the time. なら、「その時間はないと思います」というふうに訳します。

つまり、「(that 以下のことが) 多分ほんとうでない、またはあり得ないと思う」(『コウビルド英英辞典』参照) という意味を内包するのが、doubt という動詞です。

9　ニコラは、英米文学の学士号を取ってウォリック大学を卒業した。

●解説●　この Warwick は「ウォリック」と発音します。たとえば、あの有名な Worcester sauce は、「ウォーセスター・ソース」ではなく、「ウスター・ソース」であることはご存じのとおり。

わが国では、諸外国の地名は現地主義 (現地で発音されるとおりに日本語でも表記する原則) を採用しています。翻訳に際しては、この種の名詞にも気を配りましょう。

10　できるだけ十分な睡眠を取りなさい。疲れ果てて帰宅したときは、まずね。

●解説●　この had better を「〜したほうがいい」と訳してしまう人が意外に多いようです。普通はそれで問題ないのですが、この英文のように、主語が二人称だとそうはいきません。

二人称 (you) 主語の had better は、この you に対して、「(忠告や警告を発して) 〜せよ」と命令している、あるいは、命令調で物を言っていることになります。その際の had better の強度は、must ＞ had better ＞ should の順になります。

ちなみに、must の強制力は百パーセントです。All living things must die. (生きとし生けるものはみな死なねばならぬ) のように、百パーセント逃れられない。should の場合は、You should do your homework. (宿題はやりなさいよね) のように強制力は 75 パーセント前後でしょうか。肉親が危篤でも宿題はやれ、というものでもありませんから。そいういう should に比べると、had better はけっこう強い言い方をしていることがお分かりいただけると思います。

11　ずいぶん薄暗い

●解説● この nice and は、そのあとに続く形容詞や副詞を強調して「心地よいくらいに、かなり、ずいぶん、申し分なく」などの意味をもつ副詞句です。ほかには、good and もこれに類する使われ方をします。

すでに何度も言及していますので、多分できた方が多かったことでしょう。おめでとうございます。

12　ぼく、まだ会社なんだよ、きみ。社長に残業させられているんだ。

●解説● 使役動詞 make を使った現在進行形の能動態の文を受動態に転換して訳すのが、ここでのポイントです。

この make me work late は、「私を強制的に残業させる」の意味です。が、それを敢えて「残業させられている」と受動態で訳します。すると、ぴったりの表現になります。

13　彼は決まって朝5時半に起き、8キロ走ったあと仕事に出かける<u>習慣</u>である。

●解説● 副詞を名詞に転換する翻訳法です。もし最初の副詞 routinely もそうしたいのであれば、「朝5時半に起きるのが彼の<u>決まり</u>で、〜」と続ければいいでしょう。

14　傷みやすい生鮮魚介類

●解説● この perishable は、「腐りやすい、傷みやすい」と辞書にはあります。それゆえ「傷みやすい魚、足が早い魚」あたりが思い浮かびます。だが今一つしっくりこない。

なぜなら、perishable には「サバの生き腐れ」とか「サバは足が早い」という類の「傷みやすい」という意味だけでなく、fresh という意味が含まれているからです。たとえば、perishable foods や perishables は、「生鮮食料品」という定訳があり、fresh という意味が含まれています。

しかしながら、逆に、perishable food like fruit, vegetables and meat（果物、野菜、肉のような傷みやすい食品）という言い回しもあります

ので、「傷みやすい」という意味は perishable から払拭できはしない。

そこで、これぞという訳語が辞書にない以上、「傷みやすい生鮮魚介類」という訳語をひねり出したというわけです。

蛇足を一つ。魚介類というが、「貝」も入るのか、と疑義を挟む向きもあるかもしれません。今日の世界的寿司の隆盛を考えれば、貝類も寿司ダネとしてカナリア諸島から輸出されていると考えていいのではないでしょうか。国は違いますが、スペインではカメノテ（フジツボの仲間）はクリスマスの珍味として大人気で高値で取引されます。

15 このビールはそれだけで食事となるものです。

● 解説 ●　この in and of は、これ自体、前置詞句です。意味は、「本質的に、それ自体、本来（intrinsically, by itself, in itself, per se）」（POD ほか参照）の意です。

英国のパブには、実際にこのようなビールがあります。アルコール度数は、16度だと教えられました。

16 「かれは内向的な性格の人間で、順調な人生を送っているときはそれでうまくいくが、切羽詰まったらそれではうまくいかない。」

● 解説 ●　まず、but not when〜を文法的に説明しておきます。これは、but [it does] not [work well] when the chips are down という英文です。この二つの [ ] 内の英語は、but の前の文の繰り返しになりますから、省かれています。

蛇足ながら、たとえば、from one year to another [year]（長期にわたって引き続き）とか、one way or another [way]（どうにかして）というような英語表現では、[ ] 内の year や way は繰り返しになりますから消失します。こういう省略は英語の特徴です。

さて、問題はそのあとの when the chips are down です。これは、「切羽詰まったら、いざというときに（when a situation gets very difficult）」（『コウビルド英英辞典』）という意味の慣用句です。

17　机の上に置くのが許されているのは、鉛筆、消しゴム、時計、写真付身分証明書だけです。

●解説●　もし「〜が許されるだけです」式の訳し方をしているのであれば×。ここのポイントは、見た目では副詞 only は、are allowed に掛かっているようですが、実は、pencils 以下に列挙される品々だけを限定しています。

　つまり、実質的には only pencils, erasers, . . . on your desk という英文を訳すればよりよい日本語になるというわけです。そういう訳であれば合格です。

18　この数週間というものずっと、三歳になる息子は下着をずらして局部を触っています。私たち夫婦がじっと見ていることが分かるとサッとやめてしまいます。

●解説●　この himself（彼自身）とは、もちろんこの坊やの「オチンチン」を指す婉曲表現です。辞書にはまず見当たらないでしょうけれども。

19　すぐ暗くなり道路脇の静かな森で野営した。夜中に一回起きただけだった。コヨーテの群れが幾つもけたたましく吠え立てるものだから、目が覚めたのだ。この騒ぎで午前二時に小用に起きるのは思いとどまった。

●解説●　二番目の英文は受動態の文ですが、これを能動態で訳すと、「夜中に一回起きただけだった」という自然な訳文になります。というのは、夜中に起こしてくれと誰かひとに頼んでいたので「夜中に一回起こされた」というような事例ではないからです。

　最後の文は「無生物主語の構文」ですが、me を主語 I に読みかえて（ただし代名詞は訳出せずに）I を主語に、「（私は）小用に起きるのは思いとどまった」と翻訳します。

　以上の二つは、ともに、構造転換訳ですが、そうすることで自然な訳文をつむぎだすことができます。

20　「奴は、もう少しで、あの忌ま忌ましい闘牛士を、かわいそうに、殺してしまうところだったんだ。そのあとコーンは、ブレットを連れ去りたかったわけ。関係を持った女を正式の妻にしたくてたまらなかったんだと思うよ。まったく、泣かせる場面だぜ。」

●解説●　ここでは make an honest woman of〜が訳せていれば合格です。これは、「(関係した女性を) 正式に妻とする」あるいは「(関係した女性と) 結婚する」という意味。

　蛇足を一つ。Wanted の主語と Damned touching scene. の前にくる英語が何かお分かりでしょうか。そう、He と It's が省略されています。日本語と同様に、英語でもこのような主語の省略はよく起こります。日本語とちがって英語には必ず主語がある、と信じ込んでしまうのは危険です。

　ここまで読んでいただき、ありがとうございました。むかし習った英文和訳のやり方とは少し勝手がちがい、戸惑われたかもしれません。でもそれは決して著者の独断ではなく、数ある参考文献から学び取った学習事項の累積結果であるとご理解いただきたいと思います。もし何かの参考になることがあれば、ぜひ今後にご活用下さい。

　ある英語の達人に言わせると、およそ言語能力というのは日本語でも英語でも似ているわけで、ある人がしゃべっている日本語を聞いていて「この人の英語力はどのくらいかな」というのはだいたい想像がつくのだそうです。つまり、日本語を話す能力と英語を話す能力には相関関係がある、と言うのです。

　ここで取り上げた英語の翻訳問題には手こずったが、日本語の問題ならすべて解けた、というような方は、したがって、大いに見込みがあると言えましょう。だって、残るは英語力を磨けばいいだけの話ですから。

　さて、そうである方もそうでない方も、事の成否はこれからの精進にかかっています。さあ、You shouldn't settle for less. (英語をものにしようと志を立てた以上、それ以下のところで折り合ってはならない) という心構えで、また一歩を踏み出そうではありませんか。

本書で使った略号

OALD = *Oxford Advanced Learner's Dictionary of Current English.*
POD = *The Pocket Oxford Dictionary.*
IHT = *The International Herald Tribune.*

翻訳関係参考文献

1. 安西徹雄『翻訳英文法』バベル・プレス、1982年。
   翻訳のノウハウを学校文法によって整理して解説したもの。

△ 2. ────『英文翻訳術』ちくま学芸文庫、1995年。
   翻訳のみならず英語力の養成にも好適。練習問題に取り組めば力がつく。

3. 安西徹雄・井上健・小林章夫（編）『翻訳を学ぶ人のために』世界思想社、2005年。
   翻訳の世界が概観できる。翻訳関係の参考文献を付してある処は親切。

4. 岩波書店編集部編『翻訳家の仕事』岩波新書、2006年。
   翻訳に惹かれる理由を翻訳家37人が執筆したもの。読み物としても面白い。

5. 上田勤・行方昭夫『英語の読み方、味わい方』新潮選書、1990年。
   こうも深く読むのかと一驚。高レベル。読み通しただけでもエライ。

6. 加島祥造・志村正雄『翻訳再入門』南雲堂、1992年。
   随筆と対談。

7. 金原瑞人『翻訳家じゃなくてカレー屋になるはずだった』牧野出版、2005年。
   法政大教授兼翻訳家の随筆と対談集。

8. 川本皓嗣・井上健（編）『翻訳の方法』東京大学出版会、1997年。
   翻訳の方法を錚々たる人々が述べる。例えば、「『言語としての意味』が等価な日本語の単語がない」「過去時制で書かれた原文を、『る』『い』などの現在形の文末をまじえて記しても、いっこうに差し支えない。むしろその方が訳文に変化があって読みやすい場合さえある」「代名詞ことに人称代名詞は可能な範囲でカットする」など。

○ 9　工藤幸雄『ぼくの翻訳人生』中公新書、2004年。
　　　「翻訳は一世代つまり三十年しかもたない」「翻訳の仕事とは、あくまで日本語が基礎であり、日本語が武器であり、日本語が戦場となる」「日本語に上達するためにはどうするか」など盛り沢山。一読をお勧めする。

△ 10　W. A. グロータース著　柴田武訳『誤訳: 翻訳文化論』五月書房、2000年。
　　　二人が共同作業で作り上げた書物。読めば感銘するが実力養成向きには非ず。

11　鴻巣友季子『翻訳のココロ』ポプラ社、2003年。
　　翻訳とは「一字たりとも読み飛ばすということのない超・精読の作業」だと言う著者はエミリー・ブロンテ『嵐が丘』の新訳を出して脚光を浴びる。

12　小林薫『英語通訳の勘どころ』丸善ライブラリー、1999年。
　　英語力の維持と向上には毎日どうしたらよいかが示唆してある処が有益。

13　河野一郎『翻訳上達法』講談社現代新書、1975年。
　　必読の良書だが絶版。

◎ 14　――――『翻訳のおきて』DHC、1999年。
　　必読に値する最高の一冊。教わるところが実に多い。

△ 15　小鷹信光『翻訳という仕事』ちくま文庫、2001年。
　　職業としての翻訳家の生態を解剖してみせた本。最後に付された「付録」が分量的にも質的にも貴重で、これだけでも買って読む価値はある。良書。

16　小松達也『通訳の英語　日本語』文春文庫、2003年。
　　通訳とは何かを説く本だが、翻訳と通訳の類似点と相違点が分かる。「同時通訳者がすすめる英語上達法」は一読の価値あり。

17　斎藤兆史『翻訳の作法』東大出版会、2007年。
　　文芸翻訳という斬新な発想のもとに、翻訳の理論と実践を展開。大学生向けの上質の講義を一般読者にも分かるよう開示した良書。

18　――――『英語達人列伝』中公新書、2000年。
　　英語の達人を目指す意欲を与えてくれる書。翻訳との直接関係は皆無。

19 ――――『英語達人塾』中公新書、2003年。
　「翻訳家になりたいというのであれば、話したり聴いたりする訓練より、難しい英語を正確に読み、それをわかりやすく、かつ味わいのある日本語に翻訳する訓練を優先させるべきである」と筆者は言う。英語の達人になるための具体的方法を説いている。英語力抜群になりたければ、本書の説くところを実践されよ。

○ 20 ――――『努力論』ちくま新書、2007年。
　実人生で大望を成就するには、自分が努力していることを意識しなくなるくらいまで地道な努力をしつづける必要がある。このことを先達の例を引き自己と照らし合わせて述べた書。大望の実現を希求する意志を秘めたる者には一読の価値あり。

21 佐藤紘彰『アメリカ翻訳武者修行』丸善ライブラリー、1993年。
　日本文学を英訳する視点で書かれた書。

22 重長信雄『こんなにもある翻訳書の誤訳』一光社、1990年。
　翻訳6冊を取り上げ誤訳・原文・私訳を並べたもの。

23 柴田耕太郎『英文翻訳テクニック』ちくま新書、1997年。
　翻訳家を目指す者には業界の裏表を知るのに便利。

24 柴田元幸『翻訳教室』新書館、2006年。
　2004年後期の東大文学部での講義をそっくり文字化したもの。読み物として可。

25 朱牟田夏雄『翻訳の常識』八潮出版社、1979年。
　正しい学習法により英語を読む力をつけ、翻訳力を養う道を示した書。

26 杉田敏『英語の達人』DHC、1996年。
　英語の達人14人にインタビューしたもの。達人の勉強ぶりが大いに刺激になる。

27 鈴木主税『私の翻訳談義』朝日文庫、2000年。
　「翻訳とは言葉を訳すのではなく意味を訳すものだ」「固有名詞は現地主義」「言葉はその社会の風俗や習慣の一部」「あとがきでの訳者のコメントを読ん

で翻訳の善し悪しが分かる」などのメッセージあり。読み物として面白い。

28 辻由美『翻訳史のプロムナード』みすず書房、1993年。
ヨーロッパの翻訳歴史を概観した翻訳通史。「翻訳の歴史」をやる人には重宝。

29 ──────『世界の翻訳家たち』新評論、1995年。
世界の名だたる翻訳家にインタビューして語ってもらったものの集成。

30 飛田茂雄『翻訳の技法』研究社、1997年。
長く複雑な英文は「書いてある順序どおりに訳せ」が原則だが、複雑すぎれば「大過去、過去、現在、未来という時間的順序に従って訳せ」などが目を引く。付録の「日本語表記について」は参考になる。

31 鳥飼玖美子『歴史をかえた誤訳』新潮文庫、2001年。
随筆風の読み物。

◎ 32 中原道喜『誤訳の構造』聖文新社、2003年。
良書。秀逸。読破すれば必ず英語力が身につく。「誤訳をあげつらう本ではなく、誤訳から学ぶ本であり、誤訳を防ぐための本」という筆者の言葉に偽りはない。
この本に示された誤訳例に全問正解が出せたならば、英語力は達人レベル。

33 中村保男『創造する翻訳』研究社、2001年。
翻訳のあるべき姿を具体的に述べた書で、読めば翻訳への心構えができる。

◎ 34 ──────『英和翻訳の原理・技法』日外アソシエーツ、2003年。
翻訳の具体的ノウハウが書かれている。有用な情報が盛り沢山で、秀逸。抜群。

○ 35 行方昭夫『英文快読術』岩波同時代ライブラリー、1994年。
読みやすい。英語学習法も参考になる。

36 ──────『英語のこころを読む』ちくま学芸文庫、1996年。
同著者の『英文快読術』に似るが、練習問題が中心。

37 ──────『英語のセンスを磨く』岩波書店、2003年。
英文読解の実力をつける読解方法が分かる。上級。

38 ――――『英文の読み方』岩波新書、2007年。
積年の経験が物言う、正確に英文を読む力を身につけるための指南書。

39 成瀬武史『英日・日英翻訳入門』研究社、1996年。
「翻訳学」を志す人には必読。解答付応用問題もある。

40 ――――『翻訳の諸相: 理論と実際』開文社、1978年。
英語学の成果に乗っかった理論の域に留まる。翻訳理論の開拓を志した点は良。

41 深町眞理子『翻訳者の仕事部屋』ちくま文庫、2001年。
冒頭の「私の翻訳作法」と末尾の「フカマチ式実践講座」が実に有益。独力でここまで英語力を磨いたこの方はじつにスゴイ。

42 藤岡啓介『英語翻訳練習帳』丸善ライブラリー、2001年。
末尾の「お浚い帳」が役立つ。

43 別宮貞徳『翻訳読本』講談社現代新書、1979年。
翻訳の世界の実情を知るのにはよい本。

44 ――――『翻訳の初歩』ジャパンタイムズ、1980年。
翻訳は英文和訳ではないという点、誤訳をしないための11の留意点、を説明。

△ 45 ――――『英文の翻訳』大修館書店、1983年。
翻訳の理論と実践が概観できる。練習問題がとても為になる。

46 ――――『特選・誤訳迷訳欠陥翻訳』ちくま学芸文庫、1996年。
世に流布する欠陥翻訳をめった切りにした本。やや毒気あり。

47 ――――『やっぱり、誤訳だったのか!』（株）ジャパンタイムズ、1996年。
内容は同著者『特選・誤訳迷訳欠陥翻訳』にほぼ同じ。毒気あり。

48 丸山真男・加藤周一『翻訳と日本の近代』岩波新書、1998年。
明治10年の翻訳爛熟期に劣らず、今も翻訳の重要さは不変だと分かる書。

△ 49 宮脇高雄『翻訳家の書斎』研究社、1998年。
「英語の小説では動詞が表現のかなめになっていることが多い」「『のだった』

は原稿用紙約50枚に一度しか使わないよう自己規制することをお勧めする」「翻訳では原文に引きずられず主語と述語をできるだけ近づけるのが基本」など役に立つ内容がある。一読の価値あり。

50 ───── 『翻訳の基本』研究社、2000年。
翻訳の基本的事項を随筆風によろずまとめたもの。前著ほどではない。

△ 51 村上春樹・柴田元幸『翻訳夜話』文春文庫、2000年。
東大米文学第一人者の翻訳談義。読み物として面白い。

52 ─────────『翻訳夜話2 サリンジャー戦記』文春文庫、2003年。
前著ほどではない。

53 柳瀬尚紀『翻訳はいかにすべきか』岩波新書、2000年。
英語力と国語力を兼備するとこういう翻訳も可能なのか、と教えられる本。

54 柳父 章『翻訳語成立事情』岩波新書、1982年。
翻訳論における単語論を総まとめにした随筆風の書。

△ 55 山岡洋一『翻訳とは何か: 職業としての翻訳』日外アソシエーツ、2001年。
翻訳を職業にしたい人には必読。翻訳の神髄がつかめる。翻訳、翻訳の目的、翻訳のノウハウ、翻訳の学習法、翻訳作業などは読むに足る。

56 渡辺利雄『英語を学ぶ大学生と教える教師に──これでいいのか？英語教育と文学研究──』研究社、2001年。
東大英文主任を務めた碩学の白眉の書。翻訳関係のみでなく英語科生には必読。

【註】ここに付した符号は、おすすめ度の度合いを示したもので、順に◎＞○＞△のようになります。

英語力の基礎固めに有益（書評は省略）

1　西田実『英単語の知識』岩波ジュニア新書、1982年。
2　─────『英文解釈の基礎』岩波ジュニア新書、1983年。
3　─────『英語をクリアしよう』岩波ジュニア新書、1987年。
4　─────『英語で thinking』岩波ジュニア新書、1988年。
5　─────『英語を brush up』岩波ジュニア新書、1989年。
6　小池義郎『コミュニケーションの英語』岩波ジュニア新書、1996年。
7　忍足欣四郎『英単語を増やそう』岩波ジュニア新書、1992年。
8　天満美智子『新しい英文読解法』岩波ジュニア新書、1994年。
9　──────『新しい英文リスニング法』岩波ジュニア新書、2000年。
10　外山滋比古『英語辞書の使いかた』岩波ジュニア新書、1983年。
11　長谷川潔『英語上達コース』岩波ジュニア新書、1986年。
12　小池直己『英会話の基本表現100話』岩波ジュニア新書、2000年。
13　土屋宏之『レッツ英会話』岩波ジュニア新書、1991年。
14　河野一郎『英語の歌』岩波ジュニア新書、1991年。
15　竹林　滋『英語発音に強くなる』岩波ジュニア新書、1991年。
　　（その他、近刊は店頭でチェックを。）

　中学・高校生向けの英語関係の著書は、英語の脳細胞が働く状態を維持する柔軟体操と心得て、必ず目を通してほしいもの。寝転がりながら読んで重宝。英語の脳細胞が活性化します。勉強とは違って肩もこらないから、翻訳用の英語力の基礎固めにもなります。こういう日頃のやさしい英語も忘れずに。むずかしい英語ばかりが英語ではありません。

　著者はみな希代の専門家ばかりで、一流の大家をして基礎的英語を語らせている。これが魅力。普段からそれとなく英語の力をつけるのに、必ず、役立ちます。

　このほか初歩から上級までを網羅するラダー・シリーズのリトールド（retold）版は常に読んで多読に精を出すこと。ほとんどの英語の大家が今もそうして勉強を続けておられる点は注目に値します。大人向けのむずかしい英語のみが英語力の養成への近道でありません。

　Oxford 大学出版をはじめいろいろな出版社から、この手のジュニア向けに書かれた良質の英語の書物がたくさん出ています。自分にあったものを楽しみながら読んでみましょう。

英和辞典の紹介

1. 『ジーニアス英和辞典第4版』(大修館) 学習辞典では超スグレモノ。
2. 『ランダムハウス英和大辞典第2版』(小学館) 翻訳家には必携。
3. 『ジーニアス英和大辞典初版』(大修館) 優等抜群の辞書。1の大本。
4. 『新英和大辞典第6版』(研究社) 先人が育んできた伝統が光る辞書。
5. 『リーダーズ・プラス(縮刷版)』(研究社) プロは2に無い時に引く。

特殊辞典の紹介

6. 中村保男(著)『新編・英和翻訳表現辞典』研究社、2002年。
   遂に一冊となった筆者の総決算というべき辞典。通読しても最高に有益。
7. 河野一郎『誤訳をしないための翻訳英和辞典』DHC、2002年。
   「読む辞典」と銘打ってあるとおり、読んで為になる好著。
8. 大塚高信(編)『固有名詞英語発音辞典』三省堂、1969年。
9. 小林祐子(編)『しぐさの英語表現辞典』研究社、1991年。
10. 山田政美(編)『英和商品名辞典』研究社、1990年。

英英辞典の紹介

11. 『コウビルド英英辞典第5版』(Thomson) 語感を掴むのに役立つ。
12. *Oxford Advanced Learner's Dictionary of Current English* 7th Edition. (Oxford University Press) これも、翻訳というより、語感を掴むのに役立つ。
13. *The Pocket Oxford Dictionary* (Oxford UP) 座右に置いて重宝。
14. *The Concise Oxford Dictionary* (Oxford UP) 13より少し大きめの辞書。
15. *Webster's Third New International Dictionary* (Merriam-Webster) アメリカ最大級の英英辞典。

国語辞典の紹介

16. 新村 出(編)『広辞苑(第6版)』(岩波書店) 必携。
17. 柴田・山田(編)『類語大辞典初版』(講談社) 18より使い勝手がよい。
18. 大野・浜西(著)『類語国語辞典(第14版)』(角川書店) 重宝。
19. 『福武国語辞典(初版)』(ベネッセ) 中型辞典では優秀。
20. 『新明解国語辞典(第5版)』(三省堂) 19と甲乙を争う。

索引（英語）

【A】

a bad sailor ······ 13
a delay to the airplane ······ 158
a farmer ······ 12, 132
a good cook ······ 157
a good sailor ······ 13, 157
a meal and a half ······ 134
a rolling stone ······ 46
about ······ 184
acrid smell ······ 48, 49
after ······ 75, 77
all orders ······ 159
all the money ······ 159
alone ······ 33, 202, 203
America was discovered ······ 144, 153
amusing ······ 14
an ······ 161
an honest mistake ······ 45
and ······ 246, 251
angel ······ 107
another ······ 157, 159, 160
anything goes ······ 98
apparently ······ 202
appetizer ······ 171
appointment ······ 113
as ······ 240, 242
as they say ······ 36, 149
available ······ 173, 175, 176

【B】

bald cypress ······ 106
bamboo cane ······ 111
be going to ······ 127
be (been) had ······ 97
be stopped ······ 92
beat one's foot upon ······ 101, 104
because ······ 60, 64, 67, 237
because of ······ 235, 236
beck and call ······ 196
before ······ 75, 76, 180, 231, 232
beside tomatoes ······ 187, 190
besides tomatoes ······ 187, 190
boring ······ 50
brass ······ 116, 119
Brigitte Bardot ······ 222
bring home the bacon ······ 194, 199, 200
Broad Australian English ······ 46
busboy ······ 26
busgirl ······ 26
by noon ······ 180
by the bottle ······ 37
by the glass ······ 37
by the pound ······ 37, 148

【C】

callings of nature ······ 195, 196
can ······ 121, 122, 129, 130
can say that again ······ 126
can you come ······ 126
Can you deliver? ······ 18, 20
can't read . . . without〜 ······ 188
can't you take ······ 129
chunk ······ 70, 74, 231
clearly ······ 210
cobbles ······ 112
collateral damage ······ 219
Columbus discovered America ······ 154
come to grief ······ 166, 167
comfortably ······ 213, 215
company ······ 115, 118
compensation ······ 30, 32
cook up ······ 29
could ······ 122, 129, 131, 199, 201
could have crashed ······ 129, 131
could have fooled me ······ 199, 201
couldn't agree with ······ 125

couldn't care less ······················ 14
cypress ······································ 106

【D】
decent ······································ 47
democracies ······················ 132, 134
developing country ················ 223
died from ···························· 181, 182
died of ································· 181, 182
disappointing ·························· 137
diverting ······························ 174, 177
do it standing on one's head ········ 193
Do you read me? ················ 139, 142
dog fox ····································· 172
dogwood ·································· 110
don't buy that ····························· 96
don't think that〜 ······················ 25
doubt ······················ 24, 247, 252
down ·································· 53, 55

【E】
editorial we ······························· 39
epithets ······························ 116, 119
etching ································ 227, 229
euphemism ························· 196, 224
every college ··························· 159
every three days ······················· 16
experienced tire ······················ 224

【F】
face the music ···················· 199, 200
FDR ·· 141
flush ·································· 49, 50
folks ································· 108, 109
for ·· 62
French letter ······················ 221, 222
friendship ··························· 163, 165
frocks ······································ 105
from 16th through 18th ···· 188, 190, 191
from 16th to 18th ·········· 188, 190, 191
front passenger seat ·········· 173, 175
funny farm ······························· 221

【G】
gay marriage ······················ 246, 251
generic you ························· 36, 42
gentle with her ··························· 44
get you up to speed ················ 137
getting warmer ·························· 28
give her a piece of my mind ·········· 195
give the green light to ················ 197
go back home ···················· 136, 137
go home ······························ 136, 137
go south ·································· 201
go the whole nine yards ·········· 18, 21
go west ···································· 222
good and ······················ 23, 133, 134
good-living ······························· 172

【H】
habitually ··························· 160, 161
had better ··· 129, 130, 150, 200, 248, 253
hand and foot ·························· 197
happy ································ 52, 54, 55
have a family ······················ 135, 136
have had it ································· 98
have the time ···························· 26
head north ························· 199, 201
himself ······························· 250, 256
hit bottom ································ 193
hit it off ···································· 193
hit the hay ································ 193
hit the jackpot ························· 193
hit the nail on the head ·············· 193
hit the road ······························ 193
hit the spot ······························· 193
hold one's peace ······················· 114
homely ······································ 46
How are we? ····························· 38

【I】
idiomatic English ····················· 168
impress ··································· 170
in 20 years ······························· 186

in a week	186
in an hour	178, 186
in and of itself	249, 255
in fact	58, 208, 209
in other words	60
in time	183, 184, 209, 210
in your head	198
incomplete success	225
information glut	89
inspiration	171
instinct	111
intimacy	219, 220, 227, 229
irritating	44

【J】
jealous eye	246, 252
JFK	139, 141
justly	204

【K】
kicked the bucket	192, 198
know about	187, 189
know better	27
know of	187, 189

【L】
leave me	30, 33
leave me alone	33
Leicester	18, 20
library	30, 31
listened for	187, 189
listened to	187, 189
lost me there	97
loud and clear	142
loyal to	169

【M】
made from	182
made of	182
make an honest woman of	250, 257
make me work late	248, 254
make the best of	139, 141
make the most of	141
make you a good husband	11
making out	99, 102
may	123, 124
might	123, 124
milk a cow	22
more than two	13, 14
motion detector spotlight	174, 176
mud digger	117, 119
must have noticed	129, 131

【N】
name your poison	227, 228
necessarily	205
negative patient care outcome	223
nice and	13, 133, 248, 254
nice to her	44
no more ～ than	236, 237
no wonder	166, 167
not at home	15
not half	214, 217
number one	196
number two	196

【O】
of twelve	185, 186
off the top of one's head	194
off-the-cuff	163, 165
on Thursday or Friday	140, 143
on time	183, 184
one	41, 42
only	202, 213, 216, 250, 256
orderly sergeant	115, 118
out of humor	15

【P】
pass water	220
peasant	12
pee	220
penny has dropped	135
perhaps	213, 215
perishable	249, 254, 255
persuade	179

pervade	168, 169
plain	52, 55
pop	100, 103, 104
portable handheld communication inscriber	227, 229
practically	27, 206, 207
pre-owned automobile	227, 228
probably	213, 215

【Q】

quite a few	51

【R】

reasonably	207, 208
receding	95, 96
remember the waiter	95
reportedly	158
romantic intentions	167, 168
routinely	249, 254

【S】

sailor	13
scatology	220
scenery	108
see stars	135
set him off	92, 93
seven days a week	36, 37
sign	132, 133
simply can't	16
sink the dam	22
sleep late	18, 20, 97
sleepless	156
solid	160
some of the students	162, 164
some tea	52, 54
stand among	139, 141
stand on one's head	99, 102, 193, 194
station	23, 24
swoon	173, 175

【T】

taboo	229
take it out on you	199, 200, 201
termination with extreme prejudice	219
terrific	48
therefore	61, 63, 67
till noon	180
tiring	50, 51, 65
to be seen	147, 235
to see	235
too 〜 by half	206, 214, 217
treble voice	47, 48
turn over in one's grave	225

【U】

unauthorized withdrawal	226
unfaithful	160
usually	162, 165, 249, 254

【V】

very good	155, 157

【W】

wag one's head	100, 103
Warwick	20, 248, 253
wash one's hands of	180, 181
we are open	36, 37
wealth of knowledge and experience	162, 164
wearing two hats	30, 32
well	212
what a shame	30, 31
What time is it now?	140, 143
when	71, 238, 240, 243, 247, 252
when the chips are down	249, 255
whenever	191
Where were we?	139, 142
why	27
will	123, 124, 209
will you come	126
wisely	211
worm a dog	28
would	124, 170

索引（日本語）

【あ】
青田買い ……………………………………… 82
青田刈り ……………………………………… 82
足をすくわれた ……………………………… 18

【い】
意外に乏しい英語力 ……………………… 132
意志薄弱 ……………………………………… 83
意思表示 ……………………………………… 83
一段落した …………………………………… 19
隠語的表現 ………………………………… 228
イントネーション ……………………… 140, 143

【え】
永久に不滅 …………………………………… 78
英字新聞独特の用法 …………………… 175
婉曲表現を見抜け ……………………… 218

【お】
驚いたことに ………………………………… 18
お疲れ様 ……………………………………… 80

【か】
仮定法現在 ………………………………… 177
金に飽かして …………………………… 18, 91
仮主語 ……………………………………… 239
彼、彼女、それ、それらはご法度 ………… 34
漢語調の硬い文章 ……………………… 165
冠詞を副詞化 ……………………………… 161
間接話法から直接話法に転換 ………… 234
慣用表現に慣れよ ……………………… 192

【き】
気がおけない友 …………………………… 19
近代英語 …………………………………… 178
強調構文 ……………………………… 70, 243, 244

【く】
国境の長いトンネル …………………… 82, 83
下らぬ酒 …………………………………… 192

【け】
敬語 …………………………………… 81, 82
形式主語 …………………………………… 239
形容詞は落とし穴だらけ ………………… 44
形容詞を動詞化 ………………………… 160
形容詞を副詞化 ……………… 156, 159, 160
形容詞を名詞に転換 …………… 155, 157
謙譲語 ………………………………… 81, 82
現在分詞 …………………………………… 231

【こ】
構造転換訳は不可欠 ………… 230, 237, 238
古英語 ……………………………………… 178
国語力 ………………………………… 76, 85
国語力への志は高く ……………………… 78
ご苦労様でした …………………………… 80
語順どおりに訳す ……………… 69, 74, 238
ことばのまとまり ……………… 70, 74, 231
こまめな辞書引き ………………………… 22
古来 ………………………………………… 83

【さ】
薩摩守平忠度 …………………………… 228
さまざまな「様」 ………………………… 79

【し】
辞書にないことば ……………………… 166
従属接続詞 …………………… 77, 239, 242
重文 ……………………………… 230, 244
受動態 ……………………… 144, 145, 147
受動態を能動態で翻訳 ………………… 153
順行で翻訳 ………………………………… 69
状態の受け身 …………………………… 152
情報過多 …………………………………… 89
初級レベル向けの辞典 ………………… 128
助動詞をあまく見るな ………………… 121
助動詞を名詞転換 ……………………… 170
心血を注いだ ……………………………… 19
真主語 ……………………………………… 239

【せ】
制限用法 …………………………………… 243
正順で訳す ………………………………… 74
センサー・ライト ……………… 176, 177

270

前置詞をあなどるなかれ ……………… 178
【そ】
総称の you ……………………………… 36, 42
漱石 ………………………………………… 15
尊敬語 ……………………………………… 81, 91
【た】
代名詞を訳文から消す ……………… 34, 43, 252
態を転換する訳の技法 …… 144, 148, 153, 154
第1文型 ………………………………… 244
第3文型 ………………………………… 244
第4文型 ………………………………… 11
多重敬語 ………………………………… 82
単文 ……………………………………… 230, 244
単文を複文に転換 ……………………… 231, 233
【ち】
地名は現地主義 ………………………… 253
中英語 …………………………………… 178
直接話法に転換 ………………………… 234
【て】
低学年向けの辞書 ……………………… 128, 178
定訳 ……………………………………… 70
伝達節 …………………………………… 35, 40
【と】
等位接続詞 ……………………………… 76, 244
頭語と結語 ……………………………… 79
同語反復 ………………………………… 89
動詞はふくみも見落とさず ……………… 92
動植物名はカタカナで表記 ……………… 110
動詞を名詞に転換 ……………………… 77
動名詞 …………………………………… 231
時には必要、補充訳 …………………… 56
閉ざされた婉曲表現 …………………… 218, 219
とんでもない …………………………… 81
【に】
人称代名詞 ……………………………… 34
【ね】
熱にうかされた ………………………… 19
【の】
能動態 …………………………………… 144, 145
能動態を受動態で翻訳 ………… 152, 153, 254
【は】
話の筋 …………………………………… 237
【ひ】
非制限用法 ……………………………… 243
開かれた隠語 …………………………… 228
開かれた婉曲表現 ……………………… 218, 219
品詞転換訳 ……………………… 155, 157, 159
【ふ】
副詞は意味の手品師 …………………… 202
副詞を動詞化 …………………………… 158
副詞を名詞化 …………… 160, 162, 165, 254
複文 ……………………………………… 230, 244
符牒 ……………………………………… 218
物主構文 ………………………………… 232, 233
文章力を磨く …………………………… 86
文脈 ……………………………………… 190, 237
【ほ】
法助動詞 ………………………………… 121
「僕」と「わたし」 ……………………… 85
補充訳 …………………………………… 56, 67, 68
翻訳は原文どおりに頭から ……… 69, 74, 230
【む】
無生物主語 ……………………………… 232, 256
無線用語 ………………………………… 142
【め】
名詞の誤訳は誤魔化し利かぬ …………… 105
名詞を形容詞化 ………………………… 162, 164
名詞を動詞化 ……… 155, 156, 158, 163, 242
名詞を副詞化 …………………………… 162, 164
【や】
訳語がなければ自分でつくれ …………… 166
訳文の時制 ……………………………… 120
やまとことば的に翻訳 ………………… 165
【り】
臨場感 …………………………… 120, 242, 245
【ろ】
論陣を張った …………………………… 18

著者紹介

金子光茂（かねこみつしげ）
九州大学大学院文学研究科英語学英文学専攻米文学専修修了（文学修士）。現在、大分大学教育福祉科学部教授。学部・大学院でアメリカ文学、オーラル・イングリッシュ、LL 等を担当。1980年キャンベラ大学留学（豪州政府奨学金給費生）。1987年英国レディング大学留学（ブリティッシュ・カウンシルと日本国文部省共同派遣）。1988—89年オーストラリア国立大学客員研究員（文部省）。

Richard H. Simpson（リチャード H. シンプソン）
英国リーズ大学大学院修士課程修了（英語言語学・英語教育修士）。1983年より大分大学教育福祉科学部（旧称・教育学部）英語科所属大学教員。口語英語、英作文、英語教育等を担当。趣味: マウンテンハイキング。

著作権法上、無断複写複製は禁じられております。

英語脳の鍛え方　英文を正しく読む18のツボ　　[1-493]

2010年5月27日　1刷

著　者 ── 金子光茂
　　　　　　リチャード H. シンプソン
発行者 ── 南雲一範
発行所 ── 株式会社　南雲堂
　　　　　〒162-0801　東京都新宿区山吹町361
　　　　　電話　（03) 3268-2384（営業部）
　　　　　　　　（03) 3268-2387（編集部）
　　　　　FAX　（03) 3260-5425（営業部）
　　　　　振替口座：00160-0-46863
印刷所／株式会社木元省美堂　製本所／(有) 松村製本所

E-mail nanundo@post.email.ne.jp（営業部）
http://www.nanun-do.co.jp

Printed in Japan 〈検印省略〉

乱丁、落丁はご面倒ですが小社通販係宛ご送付下さい。
送料小社負担にてお取り替えいたします。

ISBN 978-4-523-26493-4　C0082　〈1-493〉